Travailler avec les groupes d'enfants

Collection *Psychothérapies*
(Extraits)

Ouvrages généraux

J. Audet, D. Katz, *Précis de victimologie générale*

C. Ballouard, *Le Travail du psychomotricien*

M. Bertrand, *Trois outils pour la psychanalyse*

A. Bioy, A. Maquet, *Se former à la relation d'aide*

A. Boyer-Labrouche, *Manuel d'art-thérapie*

M.-C. Célérier, *Psychothérapie des troubles somatiques*

O. Chambon, M. Marie-Cardine, *Les Bases de la psychothérapie*

J.-P. Chartier, *Guérir après Freud*

A. Delourme, E. Marc, *Pratiquer la psychothérapie*

G. Ducourneau, *Éléments de musicothérapie*

FFdP, *Pourquoi la psychothérapie ?*

E. Gilliéron • *Le Premier Entretien en psychothérapie* • *Manuel de psychothérapies brèves*

G. Lopez, A. Sabouraud-Séguin et al., *Psychothérapie des victimes*

E. Marc, *Le Changement en psychothérapie*

C. Mirabel-Sarron, L. Vera, *L'Entretien en thérapie comportementale et cognitive*

M. Ruszniewski, *Le Groupe de parole à l'hôpital*

B. Samuel-Lajeunesse et al., *Manuel de thérapie comportementale et cognitive*

L. Vera, C. Mirabel-Sarron, *Psychothérapie des phobies*

L'enfant, l'adolescent et la famille

M.-D. Amy, *Comment aider l'enfant autiste*

A. Anzieu et al., *Le Travail du dessin en psychothérapie de l'enfant*

A. Anzieu, *Le Travail du psychothérapeute d'enfant*

A. Anzieu, C. Anzieu-Premmereur, S. Daymas, *Le Jeu en psychothérapie de l'enfant*

C. Anzieu-Premmereur et al., *Les Pratiques psychanalytiques auprès des bébés*

T. Attwood, *Le Syndrome d'Asperger*

M. Berger, *Le Travail thérapeutique avec la famille*

C. Combe, *Soigner l'anorexie*

S. Cook-Darzens, *Thérapie familiale de l'adolescent anorexique*

M. Despinoy, *Comprendre et soigner l'enfant en échec scolaire*

G. George, L. Vera, *La Timidité chez l'enfant et l'adolescent*

M. R. Moro, *Psychothérapie transculturelle de l'enfant et de l'adolescent*

P. Privat, D. Quélin-Souligoux, *Travailler avec les groupes d'enfants*

J.-L. Sudres, *Comprendre et soigner l'adolescent en art-thérapie*

L. Vera, *Troubles obsessionnels compulsifs chez l'enfant et l'adolescent*

L'adulte et la personne âgée

P. Charazac • *Psychopathologie du patient âgé et de sa famille* • *Introduction aux soins gérontopsychiatriques* • *Traiter la crise de la vieillesse*

M. Charazac-Brunel, *Prévenir le suicide*

M.-C. Célérier et al., *La Rencontre avec le malade*

C. Combe, *Comprendre et soigner la boulimie*

M. Corcos, M. Speranza et al., *Psychopathologie de l'alexithymie*

J.-P. Descombey, *Précis d'alcoologie clinique*

C. Lachal et al., *Comprendre et soigner le trauma en situation humanitaire*

H. Gomez • *Soigner l'alcoolique* • *L'alcoolique, les proches, le soignant*

L. Morasz • *Prendre en charge la souffrance à l'hôpital* • *Comprendre la violence en psychiatrie*

A. Morel et al., *Soigner les toxicomanes*

A. Morel et al., *Prévenir les toxicomanies*

Pierre Privat
Dominique Quélin-Souligoux

Travailler avec les groupes d'enfants

Approche thérapeutique

2ᵉ édition

DUNOD

Une première édition de cet ouvrage est parue en 2000 sous le titre :
L'enfant en psychothérapie de groupe.

Le pictogramme qui figure ci-contre mérite une explication. Son objet est d'alerter le lecteur sur la menace que représente pour l'avenir de l'écrit, particulièrement dans le domaine de l'édition technique et universitaire, le développement massif du photocopillage.
Le Code de la propriété intellectuelle du 1er juillet 1992 interdit en effet expressément la photocopie à usage collectif sans autorisation des ayants droit. Or, cette pratique s'est généralisée dans les établissements d'enseignement supérieur, provoquant une baisse brutale des achats de livres et de revues, au point que la possibilité même pour les auteurs de créer des œuvres nouvelles et de les faire éditer correctement est aujourd'hui menacée.
Nous rappelons donc que toute reproduction, partielle ou totale, de la présente publication est interdite sans autorisation de l'auteur, de son éditeur ou du Centre français d'exploitation du droit de copie (CFC, 20, rue des Grands-Augustins, 75006 Paris).

© Dunod, Paris, 2005

ISBN 2 10 049208 X

Le Code de la propriété intellectuelle n'autorisant, aux termes de l'article L. 122-5, 2° et 3° a), d'une part, que les « copies ou reproductions strictement réservées à l'usage privé du copiste et non destinées à une utilisation collective » et, d'autre part, que les analyses et les courtes citations dans un but d'exemple et d'illustration, « toute représentation ou reproduction intégrale ou partielle faite sans le consentement de l'auteur ou de ses ayants droit ou ayants cause est illicite » (art. L. 122-4).
Cette représentation ou reproduction, par quelque procédé que ce soit, constituerait donc une contrefaçon sanctionnée par les articles L. 335-2 et suivants du Code de la propriété intellectuelle.

TABLE DES MATIÈRES

AVANT-PROPOS ... IX

PREMIÈRE PARTIE
LES BASES

1. Les groupes thérapeutiques d'enfants ... 3
L'approche groupale ... 3
Un dispositif nouveau ... 7
La position du thérapeute ... 8
À propos des indications ... 9
La problématique de la demande, 9 • Le groupe espace d'étayage sur les pairs, 10

2. Médiation et pratiques groupales ... 13
La question de la mediation ... 14
L'objet médiateur ... 15
De l'objet de relation à l'objet médiateur ... 16
Place et fonction de la médiation dans le dispositif groupal ... 17
Une proposition, 17 • Un choix et un investissement, 18 • La présentation, 19 • Les territoires, 20
Médiation et psychothérapie de groupe ... 20
Le rôle du thérapeute, 23 • Les groupes à médiation, 24 • Un groupe de psychomotricité, 26

3. **Le jeu et le groupe** … 31
   Un médiateur de la vie psychique … 32
   Entrer dans le jeu … 34
   Le jeu et la réalité … 35
   De l'omnipotence à l'illusion … 36
   Le jeu création collective … 37
   Rôle de l'adulte … 38
   En conclusion … 41

Deuxième partie

Pratiques cliniques

4. **Les psychothérapies de groupe** … 45
   Le groupe d'enfants au regard de l'approche psychanalytique des groupes … 45
   Le groupe pourvoyeur de représentations … 47
   La mise en place du dispositif … 50
   Dispositif et contre-transfert … 53

5. **Un processus groupal** … 57
   L'énoncé de la consigne … 57
   La période initiale … 58
   Tentatives de prise de distance par rapport aux objets persécuteurs … 63
   Le groupe comme objet libidinal … 65
   L'alliance thérapeutique … 67
   L'individu, le groupe et le psychothérapeute … 69

6. **Les modes d'interventions** … 73
   La présence de l'adulte … 73
   Groupe d'enfants névrosés … 76
   Groupe de jeunes enfants, présentant d'importants troubles du comportement … 78

7. **Le dispositif groupal** … 81
   Dispositif et limites … 81
   Les adaptations du dispositif … 83

Le travail de symbolisation	84
La malléabilité du dispositif	86

8. Fin de groupe et travail de séparation — 91

Le temps du groupe	91
Se décoller ou non ? Est-ce le moment ?	93
Fixer une date de fin	95
Le sentiment de rejet	95
Du temps infini au temps relatif	96

9. Fantasme d'indifférenciation et différence des sexes — 99

Mise en place du cadre-dispositif	99
Le silence et les idées tristes	100
Et si l'on parlait d'autre chose... tous ensembles et tous pareils...	101
Que faire des différences ?	103
Produire ensemble	104
Se séparer différents	105

10. De la dynamique groupale à la problématique individuelle — 107

La problématique individuelle	107
L'entrée en groupe	108
Mort et rivalité fraternelle	110
La solidarité	111
La solitude du thérapeute	112
Peut-on penser en groupe ?	113

11. Groupe, abandonnisme et séparation — 117

Rendre le manque supportable	117
Sept enfants et deux adultes	120
La mise en groupe	121
L'interprétation groupale	122
L'apprentissage de la séparation	124

12. Le groupe des petits territoires, une aire de socialisation — 131

Un espace protecteur	131
Du jeu individuel au jeu en groupe	132
Notre groupe	133

L'arrivée de la nouvelle	136
La thérapeute joue	137
L'adulte dans un espace thérapeutique	139

Troisième partie

Les thérapeutes, le groupe et son environnement

13. Cothérapie ou monothérapie — 143
- L'impact du culturel — 143
- Du groupe familial au groupe de pairs — 147
- De l'influence des pathologies — 148

14. Le travail groupal avec les parents — 151
- La consultation — 151
  - *Les enfants en institution, 152* • *Les familles d'accueil, 153*
- Un espace pour les parents — 153
- Travailler en collaboration — 154
- Les parents en groupe — 156
- La conduite du groupe de parents — 157
- L'évolution du groupe — 158
- La dynamique consultation-travail de groupe — 163
- Le consultant est en même temps l'animateur du groupe de parents — 164
- La nécessité du travail en équipe — 165

15. Le groupe et l'institution — 167
- L'institution comme contenant — 167
- L'institution : groupe d'appartenance, groupe de référence — 168
- Le groupe thérapeutique dans l'institution — 170
- Les soubassements du fonctionnement institutionnel — 172

Bibliographie — 175

Index — 181

AVANT-PROPOS

DE PLUS EN PLUS répandu, aussi bien dans les secteurs de pédopsychiatrie, que dans le champ médico-social, le travail en groupe est actuellement considéré comme une approche thérapeutique à part entière. À côté des psychothérapies de groupes se référant à la théorie psychanalytique, d'autres pratiques confiées à différents praticiens prennent des formes extrêmement variées : groupes d'expression, de socialisation, de jeux, de contes, de marionnettes ou de marottes, groupes de peinture, de terre, voire groupes de piscine... Dans certaines institutions on parle aussi d'ateliers d'expression ou d'activité.

Il reste cependant un flou persistant à propos des soubassements théoriques et du projet thérapeutique. Qu'est-ce qui soigne ? Est-ce le fonctionnement en groupe, la présence de l'autre en tant que miroir, est-ce la manipulation d'une médiation, l'attitude des adultes, leur mode d'intervention... Dans tous les cas, quelle fonction de l'adulte sera privilégiée : l'animation, l'étayage, la protection ou l'analyse du fonctionnement groupal ? Ainsi, la prise en charge groupale pourrait avoir pour objet, soit une visée adaptative, une régulation émotionnelle ou un remaniement psychique.

Bien d'autres questions se posent encore. En effet, notre pratique de la formation nous a, depuis vingt ans, mis au contact de la demande de tous ces praticiens confrontés au travail en groupe et en quête de références et de repères théoriques, mais aussi à la recherche d'un savoir faire.

À partir de notre expérience des groupes thérapeutiques avec les enfants de l'âge de la latence, il nous a semblé évident que la prise en compte des effets de la dynamique groupale pouvait être bénéfique dans toute situation réunissant des enfants avec des adultes. Ces effets se spécifient différemment en fonction des situations qui impliquent une position particulière du ou des adultes : apprentissage, animation sociale, action thérapeutique.

Mais la reconnaissance des particularités du fonctionnement groupal est actuellement encore difficilement acceptée même lorsqu'on en envisage les possibilités thérapeutiques dans les institutions soignantes.

Le groupe constitue pour l'enfant un fait socialement incontournable. En effet, l'enfant vit et construit en groupe ce qu'il n'aurait jamais vécu ou construit sans lui. C'est pourquoi l'approche groupale est considérée comme allant de soi. Sa spécificité est donc rarement l'objet d'études précises et de ce fait, n'entre que de façon exceptionnelle dans la formation des différents intervenants, qu'ils soient enseignants, éducateurs, psychologues, médecins ou psychanalystes.

Au contraire, ces différents professionnels pensent le plus souvent que le recours à une prise en charge individuelle serait la solution à tous les problèmes rencontrés au sein des groupes ; le groupe apparaîtrait même, pour certains, comme un obstacle à un travail efficace avec l'enfant en tant qu'individu. À l'inverse, d'autres attendent de lui la résolution magique de toutes les difficultés, ce qui bien évidemment prépare à toutes les désillusions. Le groupe serait ainsi, soit la pire soit la meilleure des choses ! À moins que ce ne soit un mal nécessaire.

La démocratisation de l'enseignement a, depuis longtemps, rangé le préceptorat au rang des souvenirs et pourtant il semble que plus l'élève est en difficulté plus le souhait serait qu'il puisse bénéficier d'une aide personnalisée, voire d'une rééducation et si sa souffrance est trop grande le recours à la psychothérapie individuelle reste l'ultime solution ! Ce schéma, quelque peu caricatural, nous en convenons, reste encore présent dans de nombreux esprits. Les réticences que nous avons rencontrées et que nous rencontrons encore en essayant de montrer que les enfants peuvent tirer un grand bénéfice d'une approche psychothérapique groupale en témoignent. En effet, dans les structures de soin pour enfants en difficultés psychiques, le recours au groupe se fait le plus souvent par la négative « le groupe poubelle », en général parce que l'enfant ne peut bénéficier d'un travail individuel : trop de demandes, pas assez de thérapeutes, enfant ou parents pas assez motivés, le recours au groupe prenant parfois une dimension plus occupationnelle que thérapeutique.

Mais peut-être, pour être sensible aux effets des phénomènes groupaux, faut-il en avoir une certaine représentation. Généralement, l'existence et la spécificité des phénomènes de groupe nous restent plus ou moins méconnues, bien que nous soyons faits de rencontres avec les autres et aspirions à la reconnaissance. Seuls, nous sommes condamnés à l'incomplétude et nous passons dans le groupe, qu'il soit familial ou institutionnel, l'essentiel de notre vie. Cependant, si nous nous intéressons facilement aux relations interindividuelles qui nous semblent relever essentiellement de la qualité des affinités entre les personnes, lorsqu'il y a problèmes, la solution préconisée est qu'il faut que les individus se modifient. La crainte d'être mis en question en repensant ses propres implications, qui constitue un des aspects de la résistance épistémologique à la notion de groupe, n'incite pas à analyser la situation dont les protagonistes font partie, pour agir sur ses variables. D'autant plus que tout être humain se perçoit, bien naturellement, comme le centre, l'origine de tout.

Tout ceci explique cette contradiction souvent constatée qui, en fin de compte, amène à considérer le groupe en même temps comme utile et nécessaire mais aussi comme aliénant et, donc, dangereux pour la dignité, la liberté, et l'autonomie de l'individu. Dans cette dernière optique, les rapports humains dans les groupes ne seraient que des rapports de manipulateurs à manipulés, mais, nous savons bien que si ce risque d'instaurer un mode de relation sadomasochiste existe, il n'est cependant pas inéluctable !

D'un point de vue psychanalytique, la résistance au groupe s'alimenterait dans la situation plurielle qui empêcherait toute relation privilégiée à deux avec le leader ou avec un autre membre du groupe, c'est-à-dire, qu'elle serait au niveau inconscient un obstacle à la réalisation de désirs incestueux œdipiens. C'est ainsi que, dans un groupe thérapeutique, toute tentative de nouer des liens particuliers avec un autre, quel qu'il soit, doit être considérée comme une défense vis-à-vis du fonctionnement groupal et analysée comme telle. En effet, l'étude psychanalytique des groupes a montré l'existence d'angoisses primitives (angoisse persécutive, angoisse dépressive, angoisse de morcellement du corps, angoisse devant le désir d'une fusion symbiotique dans le groupe) qui mettent en difficulté la personnalité individuelle et expliquent ces résistances.

Malgré toutes ces réticences, l'intérêt pour le travail psychothérapique de l'enfant en groupe s'est manifesté en France dès la fin de la deuxième guerre mondiale. En 1947, J. Moreau-Dreyfus et S. Lebovici publient dans la revue *Sauvegarde*, un article intitulé « La psychothérapie collective chez l'enfant ». Cependant, la connaissance des travaux de J.-L. Moréno (1959) sur le psychodrame, va très vite focaliser l'intérêt des psychanalystes. Ce qui donna naissance à plusieurs courants français de psychodrame psychanalytique. Celui-ci se trouvait alors désigné comme la modalité psychothérapeutique de choix pour la prise en charge des enfants en groupe, suscitant un certain nombre de publications. Cette orientation effaça l'intérêt qu'aurait pu provoquer la connaissance partielle, en 1953, des travaux de S. R. Slavson.

C'est en effet, aux États-Unis, dans les années trente que S.R. Slavson met en place les premiers groupes thérapeutiques pour enfants. Il institue, pour cela, une technique spécifique : les groupes thérapeutiques d'activité (*activity group therapy*) qui s'appuient sur l'idée que la situation groupale est le lieu idéal pour répondre à cette « faim sociale » qui serait le fondement de la vie en société. Ainsi, en proposant un environnement favorable, dans un climat démocratique tolérant, permettant un bon niveau d'interactions, ces groupes donnent la possibilité aux enfants de vivre une « expérience émotionnelle correctrice » Cette expérience, en consolidant les fonctions du moi, permet un meilleur contrôle pulsionnel, une adaptation plus souple à la réalité sociale et améliore les capacités de sublimation. L'adulte est là avec un rôle facilitateur, voire protecteur, mais il n'a recours à aucun travail interprétatif. S.R. Slavson (1953) considère que l'immaturité de l'enfant limite ses possibilités d'expression et de communication par le langage, de ce fait, sa technique va privilégier l'action plutôt que la parole. Ce que conteste par ailleurs J.A. Anthony (1957) : « Un enfant qu'on regarde, agit, un enfant à qui on parle, parle... »

Au début des années 1970[1], nous avons, avec un certain nombre de collègues en cours de formation psychanalytique, initié une recherche dans la mouvance des travaux français, sur l'approche psychanalytique des groupes mais aussi de ceux de E.J. Anthony (1957).

En 1985, la naissance de la Revue de psychothérapie psychanalytique de groupe procura un support à nos premières publications. En 1988, le premier congrès de psychothérapie de groupe d'enfants « Les psychothérapies d'enfants au regard de la psychanalyse », en réunissant plus de six cents participants, nous montra l'importance prise par l'approche thérapeutique groupale et nous conforta dans la poursuite de nos travaux.

Nous souhaitons montrer, dans cette nouvelle édition, comment il serait possible, pour bon nombre de pratiques groupales, de sortir d'un certain empirisme. Ce qui permettrait, nous l'espérons, d'optimiser les résultats de ce mode d'approche thérapeutique et de faire avancer la

---

1. En particulier J.-B. Chapelier (2000).

recherche dans un domaine qui, puisqu'il touche à la fois à l'interindividuel et à l'intrapsychique, reste encore largement inexploré, les références théoriques de l'un et de l'autre étant peu propices à leur exploitation conjointe.

Dans cet ouvrage, l'important ne sera pas tant de constater des effets que d'essayer d'expliciter, à partir de la clinique, les mécanismes processuels mis en jeu dans tout fonctionnement groupal. En effet, nous postulons, à partir d'une pratique de plus de vingt ans, que la compréhension et l'élaboration des phénomènes groupaux constituent un préalable incontournable à tout projet thérapeutique groupal.

Nous avons trouvé, d'abord aux CMPP d'Auxerre et d'Aubervilliers et par la suite au centre Claude Bernard à Paris, un cadre favorable à notre recherche clinique, cette dernière venant étayer nos activités de formateurs au sein de l'Institut de recherche et de formation pour l'approche psychanalytique des groupes[1].

Nos remerciements vont donc à tous les collègues de ces institutions qui ont accompagnés notre réflexion.

La première édition était essentiellement consacrée à l'étude des groupes psychothérapiques d'inspiration psychanalytique ; les questionnements qu'elle a alors suscités nous ont amenés à élargir notre réflexion et cette nouvelle édition se présente comme le point réactualisé sur l'ensemble des pratiques groupales en institution de soin, pour enfants et adolescents.

---

1. Institut de formation du CIRPPA, 31 boulevard de la Villette, 75010 Paris, tél. 01 42 40 41 12.

PARTIE 1

LES BASES

Chapitre 1

LES GROUPES THÉRAPEUTIQUES D'ENFANTS

L'APPROCHE GROUPALE

La pratique des groupes à visée thérapeutique dans les structures de soins infanto-juvéniles occupe une place différente selon le type d'institution. Si, dans les instituts médico-éducatifs, elle vient à la charnière de la démarche éducative propre aux groupes de vie et de la prise en charge thérapeutique individuelle, dans les hôpitaux de jour, comme dans les centres d'action thérapeutique à temps partiel, (CATTP) elle représente une alternative intéressante au couple traditionnel : travail institutionnel/psychothérapie individuelle. À l'inverse, dans les structures de soins ambulatoires telles que les centres médicopsychologiques (CMP), les centres médico-psycho-pédagogiques (CMPP) et les centres d'action médico-sociale précoce (CAMSP), qui prennent leur origine dans une approche plus individualisée de l'enfant et de l'adolescent, elle apporte une alternative possible aux difficultés d'application ou aux limites des thérapeutiques individuelles.

Dans ces thérapies groupales, le plus souvent, les interventions des thérapeutes prennent en compte, en priorité, les fonctionnements individuels et les systèmes interrelationnels. La dimension collective et les phénomènes qui lui sont propres interviennent seulement comme une toile de fond, un support facilitant, par étayage, une meilleure socialisation, ainsi que l'élucidation de certaines difficultés relationnelles. Ces pratiques peuvent, par ailleurs, constituer, dans un second temps, un point d'appui intéressant pour la mise en œuvre individuelle d'une technique rééducative spécialisée, voire d'une psychothérapie psychanalytique.

En fait, nous savons que non seulement les âges, mais aussi les niveaux d'organisation psychopathologiques, influencent les différentes façons d'envisager le groupe. Le déploiement d'un processus groupal est en lien direct avec le sentiment d'appartenance. En son absence, le thérapeute est donc amené à l'anticiper, soit par ses interventions, soit en créant des structures de groupe concrètes telles que des jeux, des activités médiatrices diverses qui pourront devenir, dans un second temps, les supports de ce sentiment d'appartenance.

Il n'en reste pas moins que dans toutes les thérapies de groupe, se pose le problème du choix des interventions : va-t-on s'adresser à chacun des individus composant le groupe, ce dernier servant de caisse de résonance, éventuellement de lieu de projection, ou, au contraire, prendre en compte exclusivement la dimension collective, le groupe étant alors considéré comme une réalité psychologique spécifique, une entité qui n'est pas seulement la somme des individus ? Mais, face à un tel choix, ne risquons-nous pas d'être confrontés à la double objection métaphorique, de la forêt qui cache l'arbre ou bien de l'arbre qui cache la forêt ?

En fait, mettre en balance une approche qui ne prendrait en compte que la dimension groupale avec, au contraire, une autre qui s'intéresserait seulement à la problématique individuelle en groupe, reste un faux problème. On ne peut pas, en effet, opposer l'individu et le groupe, puisque chacun y dépose des parties ignorées de lui-même et participe ainsi à la constitution de ce lieu de rencontre des parties mutuelles plus ou moins indifférenciées. Mais le groupe n'est pas seulement ce lieu de rencontre, il est aussi un espace où naissent des émotions et des pensées communes. La question qui se pose est alors de privilégier ou non un aspect seulement du fonctionnement psychique, c'est-à-dire, la dimension névrotique individuelle, ou de se limiter à la prise en compte des éléments plus précoces indifférenciés. L'intérêt du groupe est précisément de permettre cette double approche. Pour illustrer la complémentarité de ces différentes approches nous pouvons citer la démonstration faite par J.-P. Sartre en 1960 dans *Critique de la raison dialectique* et argumentée par José Bleger en 1971.

Une file d'attente à un arrêt d'autobus : ce rassemblement est constitué par une série de voyageurs anonymes et silencieux. C'est une juxtaposition de solitudes, chacun ignore son voisin et évite son contact, tous se soumettent à des règles de fonctionnement imposées de l'extérieur et sur lesquelles ils ne peuvent avoir aucune action. Ces règles sont au service d'un intérêt qu'ils ont tous en commun : voir le plus rapidement possible un autobus s'arrêter à la station pour pouvoir rentrer chez eux ; cependant cet intérêt leur reste encore extérieur, comme imposé à eux. Si, pour une raison quelconque, un premier chauffeur décide de ne pas s'arrêter à cette station, il est probable que cela déclenchera quelques manifestations d'humeur. Si un second autobus passe, lui aussi, sans s'arrêter, chacun commencera à s'agiter et à se questionner et toutes ces personnes se mettront à communiquer entre elles, chacune donnant son point de vue. Après quelques longs échanges, il se fait un accord, une résolution est adoptée : le groupe arrêtera le prochain bus.

Ainsi, pour Sartre, ce rassemblement – ou sérialité – s'est transformé en un groupe lorsque les individus qui le composent ont pris conscience de leur interdépendance dans une communauté d'intérêt. La découverte de cette relation agit sur la nature des relations entre ces voyageurs. Chacun devient, pour soi et pour les autres, une personne avec laquelle il faut compter, il s'en suit un « dégel » des communications. Les relations interpersonnelles sont qualitativement transformées et la « fusion » des intérêts communs va, alors, aboutir à une action commune qui sort les individus de l'inertie du collectif et leur permet d'agir sur la réalité, au lieu de la subir.

Pour compléter et approfondir la lecture de cette argumentation, J. Bleger (1971) s'appuie sur d'autres hypothèses. Pour lui, en effet, entre les membres d'un groupe (et ceci dès qu'ils sont réunis), il existe d'emblée un arrière-fond de solidarité, de non-discrimination, ou de syncrétisme inconscient qui constitue le lien le plus puissant entre les membres d'un groupe. Ce type de relation s'impose comme matrice ou comme structure de tout groupe et persiste de manière variable durant toute sa vie. Ainsi, chacun des membres de la file d'attente s'appuierait sur ce lien, sans même en être conscient, ce qui expliquerait que J.-P. Sartre (1960) lui-même l'ait négligé. Entrer en interaction, supposerait donc, nécessairement, cet arrière-fond commun de sociabilité.

J. Bleger (1971) a, en effet, décrit chez l'individu comme dans les groupes et les institutions, deux types de sociabilité : la première, dite « syncrétique », touche aux parties indifférenciées de la psyché, que nous pouvons apparenter aux parties archaïques décrites par W. R. Bion (1961), et serait du même ordre que celle qui relie un enfant à sa mère, alors qu'il joue seul en sa présence, sans qu'ils aient la nécessité d'être en interaction. La seconde, sociabilité « par interaction », implique une relation d'objet interne avec différenciation dans l'espace psychique et dans l'espace intersubjectif.

Notre pratique clinique en aidant les enfants à investir le groupe comme un espace dont on peut attendre de l'aide ou du soutien, a pour objectif la prise de conscience d'intérêts communs et de l'interdépendance décrite par J.-P. Sartre. De plus, rester à l'écoute des liens inconscients comme des angoisses primitives mobilisées par la mise en groupe et rendre possible leur élaboration, permet de mettre en communication les niveaux syncrétique et interactif décrits par J. Bleger.

Le thérapeute du groupe d'enfants, en fonction de ses objectifs thérapeutiques et de sa formation initiale, sera donc amené, dans sa gestion de la régression, à travailler de façon plus ou moins importante à un niveau ou à l'autre. La formation au groupe, en groupe, par le groupe, lui ayant permis de vivre en situation les interactions permanentes entre les deux niveaux.

Quoi qu'il en soit, pour nous, le thérapeute a pour première tâche de participer à la création d'un espace thérapeutique groupal et de veiller à sa sauvegarde. Ses interventions viseront à passer d'une situation collective à un sentiment d'appartenance sur lequel s'appuyer pour aménager un espace de pensée. Il s'agit, en effet, en « tricotant » des liens, de rendre opérante la trame inconsciente qui réunit les participants entre eux et leur sert d'assise narcissique commune.

Tout ceci n'est évidemment possible que dans la mesure où le groupe peut, grâce à son rôle pare-excitant, remplir une fonction d'étayage. Cependant la mise en groupe a aussi, indiscutablement, une dimension excitante qui, par les débordements provoqués, risque de conduire à une véritable attaque de la pensée. C'est la confrontation à cette situation paradoxale qui, dès nos débuts, nous a conduits à rechercher un dispositif approprié, permettant d'obtenir un réel effet thérapeutique de la prise en charge groupale.

Un dispositif nouveau

Au cours des années 1970, avec J.-B. Chapelier, au CMP d'Aubervilliers et au CMPP d'Auxerre, la pratique du travail en groupe nous est apparue particulièrement dynamique et mobilisatrice avec certains enfants pour qui l'approche individuelle se révélait difficile, voire impossible. Nous nous sommes rendus compte que les enfants évoluaient vers une amélioration de la socialisation et, fréquemment, nous constations un meilleur investissement des apprentissages scolaires. Le groupe semblait donc permettre un certain travail psychique. Ceci nous amènera plus tard à mettre en évidence l'existence d'un processus thérapeutique groupal sous-jacent à cette évolution, et à spécifier l'influence des différents dispositifs qui, pour préserver l'efficacité du cadre groupal, ont tous en commun de protéger les enfants du danger de désorganisation collective.

Nous avons donc, au début, opté pour un dispositif, dont l'objectif était d'accroître la fonction protectrice du groupe. Chacun disposait d'un espace individuel (pupitre, tablette, pour dessiner ou écrire) et, pour les plus petits, une table ronde avec des territoires colorés et quelques jouets. Les enfants pouvaient ainsi approcher l'expérience groupale en douceur, en gardant toujours la possibilité d'un repli momentané vers leur territoire. Le rôle du thérapeute était de verbaliser, de commenter ce qu'il pouvait y avoir de commun ; en d'autres termes, de ramener au groupe. Avec les plus petits, il participait au jeu, tout en lui donnant une dimension collective. Peu à peu, les enfants commençaient à communiquer entre eux et mettaient en place un espace commun. Le fait de tempérer l'angoisse du début du groupe favorisait l'expression verbale, corrélativement, les risques de mises en acte diminuaient.

Ceci nous a amenés, avec certains enfants de la période dite de latence, à favoriser d'emblée la verbalisation de l'expérience vécue. Les territoires n'ont plus été matérialisés, en revanche, nous avons donné plus d'importance aux entretiens préalables. Ceci a permis à chacun d'affronter l'inconnu du groupe, protégé par le sentiment d'avoir établi un lien particulier avec le psychothérapeute. D'autre part, ce dernier, nourri de l'histoire de chacun, a pu se centrer davantage sur l'écoute de ce qui est commun. Dès le début il pourra ainsi travailler sur la constitution d'une enveloppe groupale.

Cette façon d'envisager le travail a été à l'origine d'un dispositif particulier nous permettant, de façon privilégiée, de mettre en évidence les différents mouvements groupaux et d'étudier l'impact de ceux-ci sur la problématique individuelle. Il nous est en effet apparu, que le groupe fermé à durée non déterminée à l'avance, était le plus adapté à un travail centré sur la dynamique groupale puisqu'il facilite le repérage des différents mouvements groupaux et leur éventuelle élaboration interprétative. De plus, quand il se termine, il a la particularité de permettre le désinvestissement collectif de l'objet groupe, conjointement à l'élaboration des angoisses de séparation. Lorsque les exigences de ce dispositif apparaissaient peu compatibles avec le fonctionnement institutionnel, nous mettions en place des groupes *slow open*, c'est-à-dire, ouverts jusqu'à ce que le nombre fixé de patients soit atteint. Ces groupes ayant l'avantage de donner du temps pour leur formation, fonctionnent ensuite comme des groupes fermés.

Une fois le problème du dispositif avancé, une autre question restait en suspens : quel serait le rôle de l'adulte ?

LA POSITION DU THÉRAPEUTE

Une caractéristique essentielle des groupes d'enfants est d'être constitués par un rassemblement dissymétrique d'adulte(s) et d'enfants. Cela différencie radicalement les groupes thérapeutiques d'enfants des groupes thérapeutiques d'adultes et implique une réflexion théorique spécifique, tenant compte de cette présence de l'adulte vécue diversement selon les âges. Il nous paraît important que le travail thérapeutique en groupe, quel que soit l'âge, puisse s'appuyer sur le déploiement et l'élaboration des modes de communication plus spécifiques entre pairs, que l'adulte se doit donc de respecter, en favorisant toutes les interactions groupales et en tenant compte des particularités de l'investissement du groupe dans l'économie psychique des jeunes patients.

Dans les groupes thérapeutiques le rapport adulte/enfant est médiatisé par le groupe. Celui-ci a un effet tampon qui facilite l'élaboration de cette relation, puisque, d'emblée, est posée la question de la différence des générations. Mais, selon les âges, cette différence ne pose pas les mêmes problèmes.

Les positions particulières que doit prendre alors le thérapeute, surdéterminées par l'âge et les spécificités du fonctionnement psychique des jeunes patients, vont infléchir son mode d'intervention de manière significative. Au-delà de ces différences, c'est dans tous les cas, sa capacité à prendre contact avec ses parties infantiles, à se mettre au diapason des états émotionnels vécus dans le groupe qui va être toujours sollicitée et lui permettra de trouver la bonne distance, tout en préservant la différence générationnelle. C'est à cette condition que le processus groupal pourra se déployer et prendre sens.

Nous le voyons, le groupe d'enfants ne va pas manquer de mobiliser profondément le psychisme du thérapeute, de mettre en jeu ses parties infantiles. Il va être immergé dans la vie émotionnelle groupale et, parfois à son insu, conduit, de ce fait, à des contre-attitudes dont on ne peut mettre en doute le caractère défensif. La prise de conscience de l'importance des implications personnelles et des sollicitations inconscientes nous a tout naturellement amené a nous préoccuper d'une formation spécifique au travail groupal : participation préalable à une expérience de sensibilisation à la dynamique groupale, étude théorico-clinique des groupes d'enfants, suivie de la pratique de groupes supervisés.

Les questionnements suscités à un niveau personnel par cette sensibilisation ainsi que la réactivation, au cours des groupes d'enfants, de vécus non réellement élucidés, ouvrent inévitablement la question de l'analyse personnelle.

À PROPOS DES INDICATIONS

La problématique de la demande

Dans le cadre des consultations en pédopsychiatrie, nous rencontrons le plus souvent des enfants qui, malgré l'importance de leurs difficultés, ne ressentent aucune motivation pour comprendre ce qui se passe en eux par un quelconque travail de remémoration, voire de reconstruction d'un passé plus ou moins fraîchement refoulé. Cependant, lorsque le désir de changement existe, il provient surtout de l'envie de supprimer un état de souffrance mais, en général, on constate rarement l'envie d'en savoir plus sur le fonctionnement psychique. Les enfants se sentent davantage concernés par les situations actuelles, les expériences pénibles auxquelles ils se trouvent confrontés telles que les difficultés scolaires, les peurs et les frustrations liées aux problèmes d'intégration. Ceci les amène généralement à des demandes d'aide immédiates dans l'espoir de faire échec au symptôme.

Le plus souvent ces souffrances conduisent les enfants à mettre en place des défenses de caractère. Ils trouvent ainsi, dans le comportement, un moyen de réguler, tant bien que mal, leur économie libidinale. Quand ces mécanismes sont assez bien intégrés au moi, ils ne sont pas ressentis comme étrangers et la souffrance est tenue pour venir du dehors, le dysfonctionnement, par rapport aux autres, est mis en avant comme révélateur d'un dysfonctionnement psychique mais l'enfant lui-même n'a pas conscience de ses difficultés. C'est une des raisons pour lesquelles l'approche psychothérapique ou rééducative individuelle est parfois difficile. D'autre part, par sa position d'adulte, nous le savons bien, le thérapeute est bien souvent mis à distance, du fait de ses potentialités séductrices, à moins qu'il ne soit relégué dans une fonction surmoïque.

La plupart du temps, l'enfant se sent d'autant moins concerné que la demande initiale vient de son proche environnement, familial ou scolaire. Un travail en consultation familiale peut faire évoluer cette demande. Par ailleurs, cette approche préalable, par la prise en compte des interrelations comme de l'interfantasmatisation au sein du groupe famille, va permettre d'évaluer le niveau d'autonomie psychique de chacun de ses membres. En effet, il nous semble difficile d'envisager la prise en charge d'un enfant sans que ses parents acceptent qu'il ait une vie psychique autonome. Cette évaluation pourra ainsi amener à discuter le mode de prise en charge thérapeutique le plus adapté : individuel, familial ou groupal.

En ce qui concerne les enfants intégrés dans des institutions à temps partiel ou en internat, la question des petits groupes thérapeutiques se pose à peu près dans les mêmes termes concernant la demande des enfants. Du fait de l'environnement institutionnel, les éducateurs ou les infirmiers, responsables des groups de vie, sont aussi partie prenante de la décision.

Le groupe espace d'étayage sur les pairs

Le groupe propose et permet un étayage sur les pairs, qui donne la possibilité de se sentir plus fort et renforce le sentiment d'existence. Il peut ainsi donner aux enfants la possibilité d'être moins sur la défensive, les autres étant investis sur un mode narcissique, constitutif d'un véritable moi auxiliaire

Cette expérience interpersonnelle, tout en mobilisant de l'anxiété qui, jusqu'alors avait été évitée soit par la mise en acte soit par l'inhibition intellectuelle, permet, aussi, de l'atténuer, en montrant que les mêmes difficultés existent chez les autres. Pour certains enfants confrontés à une problématique névrotique, cette prise de conscience a pour conséquence de diminuer en elle-même la culpabilité due aux contraintes du surmoi. Mais pour d'autres, elle peut mettre à jour des affects dépressifs auxquels le thérapeute se devra d'être attentif, en favorisant l'étayage narcissique qui rendra cette déstabilisation moins dangereuse. Les systèmes défensifs habituels pouvant être ainsi remis en question, les enfants supporteront plus facilement, de la part de leurs pairs, des commentaires qui pourront susciter un intérêt pour leur propre fonctionnement ; ce qui, en d'autres lieux, serait intolérable, peut ici devenir acceptable.

Comme, d'autre part, il est frappant de constater, particulièrement à l'âge de la latence, une curiosité, un intérêt manifeste pour ce qui se passe chez les autres, les enfants vont plus facilement s'intéresser au fonctionnement interne du groupe. Chaque participant renvoie aux autres, par un effet de miroir, l'image de sa façon d'être et chacun voit certains aspects de lui-même reflétés dans le comportement et les problèmes des autres membres du groupe Le jeu des identifications imaginaires le conduit, en retour, à s'interroger sur ses propres manifestations et, par ce biais, dans un second temps, sur son fonctionnement psychique. La prise de conscience, que d'autres ont le même type de difficultés que lui, agit comme un agent thérapeutique puissant, en particulier, en dissipant ou diminuant l'angoisse et la culpabilité. Ceci va permettre alors, au groupe, de devenir le lieu d'émergence de la demande d'aide.

C'est pourquoi chaque fois que les difficultés à s'approprier une souffrance sont suffisamment importantes pour que l'enfant ne puisse formuler une demande spécifique individuelle, une indication de prise en charge en groupe peut être pertinente. Le groupe lui permettra alors d'expérimenter sa situation d'enfant en demande, de comprendre comment quelque chose ne va pas.

L'étayage apporté par le sentiment d'appartenance, et l'investissement d'un espace commun vont constituer le sousbassement de cette découverte de l'enfant. Elle s'appuiera, d'autre part, sur l'élaboration des nouveaux rapports à l'adulte caractéristiques de la relation thérapeutique.

Ainsi, le travail en groupe se basant pour une grande part sur la relation à l'autre, va non seulement favoriser les identifications mais aussi mettre en travail le rapport adulte enfant. En effet, si l'enfant naturellement acquiert son autonomie psychique en investissant le groupe des pairs, tout en se dégageant de l'emprise familiale, une de nos hypothèses de travail sera donc d'utiliser le groupe thérapeutique pour aider l'enfant à acquérir cette autonomie vis-à-vis des adultes et, plus tard, vis-à-vis de ses pairs.

Au total, les indications des thérapies de groupes restent très larges. Au-delà des raisons institutionnelles (liste d'attente trop longue, manque de psychothérapeutes, rejet de certaines manifestations pathologiques et autres rationalisations), les indications ne semblent seulement posées qu'en fonction de l'aptitude de l'enfant à accéder ou non à un travail individuel Mais tous ces enfants ont en commun des difficultés plus ou moins grandes à communiquer leurs pensées ou à les associer. On peut y retrouver aussi bien les inhibitions intellectuelles, la pauvreté fantasmatique quelles qu'en soient l'origine, et les instabilités hypomaniaques avec fuite de la pensée.

Ainsi, cette proposition de soin peut être faite à un grand nombre d'enfants dont les pathologies s'expriment de façon très variée, voire contradictoire.

Le groupe est en fait particulièrement indiqué chaque fois qu'on aura l'impression qu'il permet d'apporter un cadre contenant soit à des enfants trop sur la défensive, soit à des enfants envahis par leurs affects. Il propose alors un espace médiateur qui permet justement une meilleure élaboration- régulation de l'espace affect-pensée. Le côté expressif non réprimé du groupe autorise la mise en acte de l'affect, mais la multiplicité des expressions avec l'aide des interventions du thérapeute ouvre la voie aux représentations.

Chapitre 2

MÉDIATION ET PRATIQUES GROUPALES

Dans de nombreuses institutions, les activités groupales dans lesquelles la dimension thérapeutique semble souvent implicite, quelle que soit la technique utilisée, ne sont pas toujours faciles à différencier. D'une part, à côté des groupes de vie, infirmiers ou éducateurs mettent en place autour d'une activité (peinture, terre, piscine) des ateliers thérapeutiques. Ailleurs, les groupes sont souvent confiés à des couples formés d'un psychologue psychothérapeute et d'un collègue orthophoniste, psychomotricien, infirmier ou éducateur, ayant rarement reçu une formation spécifique et ils sont dits thérapeutiques, avec tous les risques de confusion que cela entraîne.

Une des tentatives de clarification consiste à opposer les groupes utilisant comme unique support l'expression verbale et les groupes d'expression à médiations, les premiers ayant de surcroît et seuls, la caractéristique d'être psychothérapiques. Peut-on, pour autant, se satisfaire de cette différenciation et est-ce la médiation qui donne seule une caractéristique propre à un type de groupe ?

Au contraire, selon la place qui lui sera assignée et donc la fonction qu'elle prendra dans le groupe, la médiation peut-elle simplement s'intégrer aux différentes techniques groupales y compris les techniques psychothérapeutiques d'inspiration psychanalytique ?

Nous touchons là au rapport entre le dispositif et le cadre, à la place de la médiation dans le dispositif en référence à un cadre différent selon les objectifs du groupe, l'institution dans laquelle il opère, la pathologie des enfants, la formation des animateurs.

LA QUESTION DE LA MEDIATION

Le terme de « médiation », mot valise utilisé depuis une quinzaine d'années dans le champ des différentes thérapies, n'est cependant pas un concept psychologique, d'où l'inflation dans le vocabulaire employé à son propos. De plus, les caractéristiques polysémiques de ce mot expliquent les difficultés rencontrées lors d'une tentative de définition ainsi que les risques d'ambiguïté attachés aux différents contextes possibles de son utilisation. Ainsi, on entend parler assez indifféremment de médiation, objet médiateur, objet intermédiaire, objet transitionnel, objet de relation... Nous allons tout d'abord essayer de nous repérer dans ce foisonnement terminologique avant de nous interroger sur les caractéristiques spécifiant l'utilisation, dans un travail thérapeutique groupal avec des enfants, d'objets concrets ou de techniques pouvant être qualifiés de médiateurs.

Selon A. Rey (1992), l'origine du mot médiation remonterait au verbe latin *mediare* : être au milieu et c'est seulement au XVIe siècle qu'il a pris le sens actuel de « entremise destinée à concilier des personnes ou des partis, à amener un accord ». Par extension donc, la médiation désigne aussi l'intermédiaire.

Dans le domaine de la psychologie, la notion de médiation a été utilisée d'abord par la théorie associationniste du siècle dernier. M. Richelle (1991) donne la définition suivante de la médiation dans le cadre de cette théorie :

> « Passage par une étape ou variable intermédiaire, rendant compte de la liaison entre deux événements que la voie directe ne paraît pas pouvoir expliquer. »

Pour R. Debray (1994) enfin, qui propose de créer une discipline des faits de transmission, la médiologie, qui se définirait comme « l'ensemble techniquement et socialement déterminé, des moyens de transmission et de circulation symbolique », la médiation peut se définir de la façon suivante :

« Ensemble dynamique des procédures et corps intermédiaires qui s'interposent entre une production de signes et une production d'événements. »

Nous retenons de ces différents essais de définition, que la médiation nous engage dans une relation à trois termes, dont le médian pourra être, soit :
- *Un objet culturel* : peinture, écoute musicale, conte, écriture etc. (dans ce cas, des règles de fonctionnement spécifiques à l'activité choisie en feront une technique de médiation).
- *Le jeu dramatique* utilisé spontanément par les enfants ou sollicité comme pourvoyeur de représentations par l'animateur ou le thérapeute. Dans le psychodrame lui-même, d'ailleurs, l'improvisation dramatique n'est pas une fin en soi : « Elle n'est qu'un véhicule, un médium qui prétend à d'autres buts... » (Widlöcher, 1962).
- *Un objet concret* (jouet, pâte à modeler, instrument de musique, jeux divers, papier, crayon etc.). Cependant, la présence de cet intermédiaire qui renvoie à la notion de support de la communication ne constitue pas la médiation en soi ; sa possibilité de médiation est attachée à une utilisation particulière dont nous allons parler et qui distingue différents types de groupes.

L'OBJET MÉDIATEUR

Comme l'objet de relation, cet objet externe, par la place et la fonction qu'il prendra dans le cadre d'un travail clinique, va jouer un rôle dans le développement psychique. Son utilisation, en effet, provoque un travail de pensée chez les personnes en présence et matérialise l'état de leur relation à un moment donné de leur rencontre. Utilisé dans une expérience partagée, son sens peut donc se transformer, même s'il reste le même en tant qu'objet concret. La réalité externe et celle du monde psychique interne du sujet vont pouvoir ainsi se rencontrer autour de cette propriété.

Cette plasticité de l'objet médiateur donne l'opportunité aux enfants d'expérimenter, dans le groupe, une certaine souplesse qu'ils n'ont pas suffisamment rencontrée jusqu'alors dans leur environnement. Ceci peut leur permettre d'essayer de compenser les échecs inévitables, mais si facilement négligés ou incompris, de leurs premières ébauches de relation au monde extérieur et, donc, à leur mère. Ceci nous amène, tout naturellement, à D. Winnicott (1970) lorsqu'il dit que pour réussir sa tâche de désillusionner l'enfant quant à son omnipotence, la mère doit lui donner des possibilités suffisantes d'illusion. Nous faisons donc l'hypothèse que ce que les « objets médiateurs » utilisés dans leur fonction de médiation peuvent rendre possible dans un groupe thérapeutique d'enfants : l'expérimentation de cette illusion omnipotente, autrement, que dans l'agi de l'excitation, en permettant de la symboliser. Leur utilisation viendra, ainsi, renforcer les interventions du thérapeute qui ont pour objectif, en faisant passer d'une situation collective à un effet de groupement, d'aménager une aire de symbolisation, un espace de pensée. La base de la constitution du groupe est bien le partage d'une expérience illusoire, mais cette expérience n'est pas le contraire de la réalité ; c'est un intermédiaire entre le refus d'accepter la réalité et la capacité de l'accepter.

De l'objet de relation à l'objet médiateur

Déjà-là ou apporté par l'enfant dans une relation duelle, l'objet est, en revanche, lors d'une rencontre groupale, proposé à l'ensemble du groupe et fait partie du dispositif mis en place par l'adulte – nous l'appelons alors, dans ce cas, objet médiateur. Cette caractéristique est bien précisée dans la consigne « pour mener à bien notre travail, nous avons à notre disposition telle ou telle chose ». La tâche de l'adulte, lorsqu'un enfant apporte lui-même un objet de l'extérieur, consiste alors à favoriser son utilisation dans la création groupale.

C'est ainsi qu'au cours d'une psychothérapie de groupe d'enfants en âge de la latence, dans laquelle le dispositif mettait à la disposition des enfants seulement du papier et des crayons, l'un d'entre eux apporta des cartes d'un jeu en vogue dans toutes les cours de récréation : le Pokemon. Cet objet de relation lui permit d'instaurer des rapports privilégiés avec certains qui se sont vivement intéressés à ces cartes. Mais, en même temps, il en excluait d'autres et, bientôt, la rivalité et l'envie régnèrent entre les enfants. La thérapeute rappela d'abord la consigne, puis souligna ce mouvement désorganisateur et interrogea sur les possibilités de se retrouver tous ensemble autour de cet intérêt commun. Cette intervention amena les enfants à décider de construire eux-mêmes un jeu pour le groupe, en dessinant, ensemble, les personnages des cartes. Cette activité se poursuivit pendant plusieurs séances, jouant un véritable rôle d'organisateur groupal.

Place et fonction de la médiation dans le dispositif groupal

Les groupes, surtout avec les enfants jeunes, qu'ils soient thérapeutiques (à visées réadaptatives ou rééducatives) ou psychothérapeutiques d'inspiration psychanalytique, ne limitent pas leurs dispositifs à l'expression verbale. Le plus souvent, le jeu et les jouets qui lui sont associés, la pâte à modeler ou le « papier crayons » sont proposés comme aide à l'expressivité des enfants.

Mais ces derniers ne spécifient pas un cadre ; ils font partie des dispositifs particuliers mis en place en fonction des objectifs du groupe, de l'institution dans laquelle il opère, de la pathologie des enfants, de la formation initiale des animateurs. La fonction singulière que pourra prendre l'objet en devenant médiateur au cours du processus thérapeutique n'est pas donnée seulement par son statut d'objet concret.

Une proposition

Dans tous les cas, il est nécessaire qu'il y ait un environnement propice, suffisamment contenant, à la fois fiable et souple, et donc que le dispositif et le thérapeute puissent autoriser et supporter, de façon répétitive, les indispensables mouvements de va-et-vient entre les phases d'illusion et de désillusion. En particulier, l'adulte doit être à la fois intéressé et assez détaché pour pouvoir laisser, le temps nécessaire, le médiateur être support du processus de symbolisation primaire, tout en faisant advenir le processus de symbolisation secondaire en amenant à dire ou à faire les choses. Pour autant, il n'insiste pas, ne dirige pas n'emprunte pas une attitude pédagogique qui ferait abandonner la référence à un cadre thérapeutique. Il intervient donc en nommant, accompagnant, commentant le vécu du groupe pour favoriser chez les enfants, chaque fois que possible, le développement de la pensée dans le partage de la créativité : « Le jardinier arrose la plante mais ne tire pas dessus.[1] »

Ceci est valable, bien sûr, pour tous les types de groupes. Dans tous les cas, il est souhaitable que cette médiation soit proposée, disponible pour le groupe et non imposée, et que soit respectée, et même encouragée, toute tentative d'utilisation originale par les enfants.

---

1. O. Avron (1990) Communication personnelle.

Un choix et un investissement

D'autre part, la médiation elle-même pouvant, comme le dit R. Kaës (1982*a*) toucher au domaine valorisé de la création du passage, de la métaphore ou, au contraire, être connotée négativement par ce qui s'attache au neutre, au bâtard, à l'être mixte. Son investissement et son choix entraîneront le groupe sur des chemins différents, à travers des inductions relationnelles et transférentielles spécifiques qui méritent une réflexion préalable approfondie. Cela excluant toute utilisation qui serait défensive ou hasardeuse et qui en annulerait l'efficacité escomptée. Il est donc important que l'investissement et le choix de la « médiation » soient interrogés et analysés au niveau du thérapeute et du dispositif groupal à mettre en place.

– *L'investissement* : pour faire de la « médiation » un outil psychologique utilisable pour le développement psychique de l'autre (et non pédagogique ou artistique), il est nécessaire de garder cette distance dont nous parlions précédemment. Le ni trop ni trop peu de la bonne mère de W. Bion (1961) peut, par exemple, s'appliquer à la qualité de l'investissement de l'activité médiatrice proposée, aussi bien qu'à son maniement dans le cours de la séance.

– *Le choix* : on considère souvent, qu'à la limite, le médiateur n'a pas d'importance en soi et que seule compte la possibilité de servir de support pour le développement des processus de la pensée et de la symbolisation. En ce qui nous concerne, et si l'on prend en compte les caractéristiques qui spécifient le médium malléable, nous pensons que la problématique du choix soulève un questionnement qu'on ne peut éviter et qui est en lien avec la symbolisation. En effet, les caractéristiques de la symbolisation varient en fonction de l'âge et du degré de développement donc, idéalement, le dispositif devrait lui aussi varier en fonction des capacités de symbolisation ou des problèmes particuliers de symbolisation de ceux qui s'y engagent. D'autre part, la concrétude de l'objet médiateur nuancera les rapports interpersonnels dans le groupe, de façon plus ou moins importante, et dans des limites à essayer de prédéfinir avant le début du groupe.

Cet objet porte témoignage non seulement de ce qui va se passer pour le patient ou le groupe mais aussi d'un travail psychique antérieur du thérapeute qui va présenter l'objet comme un contenant potentiel, mais dans quelle mesure et comment ? Les fondements du choix d'un dispositif et donc des objets inclus dans celui-ci sont, bien entendu, déterminés par des facteurs rationnels et conscients parmi lesquels prennent place les éléments de réflexion que nous venons de mettre en évidence. Par ailleurs, des facteurs inconscients, ayant à voir avec son propre investissement de la médiation et son rapport au groupe, vont aussi entrer en jeu et mettre à mal, si l'on n'y prend garde, ces potentialités contenantes supposées du dispositif. Par exemple, les enfants communiqueront différemment entre eux et avec des niveaux d'excitation qui ne seront pas les mêmes, d'emblée, autour du jouet (petites voitures, figurines, cubes, etc.), de la pâte à modeler, de l'eau ou de papiers crayons. Ce, d'autant que certains médiateurs amèneront les enfants à avoir un comportement plus régressif que d'autres. Il y a à ce niveau, bien sûr, une différence entre la terre, l'eau ou le dessin. S.R. Slavson (1953), pour sa part, parle de matériel activant ou fixant la libido selon qu'il s'adresse à des enfants jeunes, pour des *Play groups therapy* ou à des enfants plus âgés, pour des *activity groups therapy*. Ces remarques seront, bien évidemment, à prendre aussi en considération lorsqu'il s'agira de spécifier les indications.

La présentation

La façon de présenter le médiateur est également importante. Proposer des feuilles de papier individuelles n'induira pas, d'emblée, un fonctionnement groupal. Les poser dans un coin de la pièce, en un paquet non renouvelé pendant toute la durée du groupe, n'aura pas le même sens pour les enfants que de distribuer à chaque fois une feuille à chacun. On peut aussi donner une grande feuille à partager, sur laquelle, éventuellement, les enfants se dessineront des territoires pour se protéger du groupe, mais il n'y aura pas de feuilles individuelles. Cette grande feuille peut être scotchée ou non sur la table. Ces différentes propositions vont avoir une influence indéniable sur la façon dont les enfants vont appréhender la situation groupale et, dans une certaine mesure, infléchir le déroulement des séances. Elles sont aussi révélatrices du pré investissement du groupe par le thérapeute. Ces remarques sur les feuilles de papier sont valables pour toutes les autres offres de matériel faites aux enfants, que ce soient les crayons, feutres (beaucoup plus excitants et peu malléables) ou petits jouets. Quoi qu'il en soit, une prise de position groupale qui paraît essentielle de la part du thérapeute, est de rassembler « le matériel du groupe » dans un contenant (que nous conseillons souple, léger mais solide, plutôt que rigide et lourd, pour éviter tout risque d'accident).

Les territoires

Le choix de la présentation du matériel peut être réfléchi et concerner, par exemple, des enfants pour lesquels la mise en groupe trop brutale pourrait être destructrice au lieu de constructrice, mais qui peuvent, cependant, bénéficier de l'apport du groupe. À ce moment-là, la présence du médiateur et la façon de l'utiliser, d'abord individuelle, permettent de protéger les enfants. Chacun, selon son niveau, aura ainsi le choix entre rester avec son médiateur ou rejoindre le groupe.

Cette façon de procéder, permettant ce passage de l'individuel au groupal, est décrite dans le chapitre 12.

La présence de territoires individuels, matérialisés sur la table, apporte là des possibilités de modulation dans la mise en groupe d'enfants jeunes ayant besoin d'investir un lieu sécurisant avant d'aller vers les autres. Ainsi, l'enfant peut, dans un premier temps, se protéger du groupe puis, entrer en douceur dans un fonctionnement collectif. D'autre part, c'est dans la créativité du jeu que l'enfant peut aller à la rencontre des autres et affronter la crainte que suscite cette confrontation. Il peut partager sa création avec l'autre et l'enrichir de ce partage. Une première étape de jeux individuels permettra au groupe de s'organiser dans une activité ludique commune, la réassurance de l'espace personnel restant toujours un recours possible dans les moments difficiles. La créativité de l'adulte va trouver là à s'exprimer, aussi bien pour aller à la rencontre de celle des enfants, que pour orienter vers un fonctionnement groupal. Donc la raison de ce dispositif n'est pas de constituer une technique contenante en soi, permettant d'éviter les manifestations d'excitation, surtout avec les pathologies lourdes.

MÉDIATION ET PSYCHOTHÉRAPIE DE GROUPE

Pour nous, lorsqu'il s'agit de psychothérapie, la fonction de la médiation est assez simple à définir, le groupal étant tout à fait primordial, en particulier, la relation à l'objet groupe. Lorsque la finalité psychothérapeutique est en elle-même l'objet de travail du groupe, la médiation ne constitue qu'une des composantes du dispositif mais ne spécifie pas un mode d'intervention. Sa présence ne vient en aucun cas occulter ou affadir les phénomènes groupaux qui vont pouvoir se déployer et sur lesquels vont porter, prioritairement, les interventions du psychothérapeute. Dans ces situations groupales, l'objet médiateur s'inscrira dans une démarche thérapeutique s'il est recréé par les enfants dans une utilisation qui sera spécifique au groupe et représentative de sa dynamique propre. L'objet médiateur et son utilisation dans cette optique aideraient le thérapeute à privilégier un travail favorisant les processus de symbolisation, difficile à mettre en place seulement par des interventions verbales. L'objet médiateur serait alors, non seulement le support de la communication, ainsi qu'il est courant de l'admettre, mais aussi de la créativité, de la richesse interne de chacun, facilitant le partage de niveaux émotionnels profonds, à travers des possibilités d'appropriations et de transformations (aussi bien personnelles que groupales) du sens attaché aux qualités concrètes de sa matérialité. En effet, nous dit R. Debray (1994) :

> « Une situation sémiotique me laisse libre de mes réponses, y compris de ne pas répondre. Mais cet espace de liberté n'est pas un espace d'indifférence, une indétermination subjective indépendante de la nature des sémaphores mis à notre disposition. »

Ainsi, tout en donnant la possibilité d'expérimenter, aussi longtemps que nécessaire, la rencontre entre soi et l'autre, l'autre étant, bien sûr, les enfants du groupe et le thérapeute mais aussi le médiateur, ce dernier aidera à organiser la pensée à partir de l'expression de l'affect.

Il s'agit d'un groupe mixte et fermé de cinq enfants entre huit et dix ans. Le matériel commun au groupe se compose de papier crayon, de livres choisis pour leur contenu et leur présentation et d'un jeu de lettres sur huit dés permettant de former des mots à partir d'un lancer au hasard sur une piste ronde délimitant un espace de jeu. Ce jeu, le « dimilmot », a déjà été utilisé par les enfants, les desservaient de projectiles ou avec un crayon comme jeu de billard à l'intérieur de la piste, lorsqu'à la vingtième séance intervient une séquence très chargée émotionnellement. Il s'agit de la maladie, assez inquiétante pour lui, d'un enfant habituellement très agité et qui parle d'obligation à rester dorénavant sans bouger. Après un silence assez lourd, suivi d'une intervention du thérapeute ramenant cette inquiétude individuelle à un sentiment partagé par tous mais difficilement exprimable, l'enfant en question, Fabrice, demande aux autres de jouer avec lui. Cette fois, il veut écrire. Les enfants se mettent d'accord spontanément : Fabrice lance toujours les dés, les autres, ensemble, font les mots (Fabrice ne sait que très peu écrire). Il n'y a pas de tour de rôle, chacun garde le sien, les règles ne sont pas exprimées, elles ont l'air d'aller d'elles-mêmes, tout naturellement. Les mots écrits sont successivement : « bisou », « ami », « aider », les autres tirs de lettres ne donnent lieu à aucun mot. Ensuite, toujours à la demande de Fabrice qui veut, lui aussi, faire un mot, les règles sont inversées, ils essaient plusieurs tirs et finissent par aider, Fabrice à écrire « jeu » et « bon ».

Nous voyons ici que la révélation de la maladie de Fabrice et l'intervention groupale de la thérapeute mettent hors circuit la défense motrice et permettent l'émergence de la dépression liée à la situation d'échec partagée. Le jeu permet de se réparer par rapport à ses propres difficultés : les apprentissages, tout en manifestant dans la symbolisation une participation émotionnelle qui passe par un emploi particulier du médiateur mis à disposition.

L'utilisation socialisée du jeu a été mise de côté au profit d'une création des enfants, répondant à un besoin particulier de communication de leur état interne émotionnel, qu'il leur était difficile de mettre directement en paroles. Ils se sont servis des qualités concrètes des objets, les dés, du signe écrit, dont ils sont le support. Ne retenant de l'aspect ludique du jeu de société que ce qui pouvait permettre une extériorisation de leur état psychique du moment, dans une rencontre créatrice collective.

Donc, en même temps qu'il a permis l'expression d'affects suffisamment chauds dont la verbalisation directe était difficile, du fait aussi du déficit langagier, il a servi d'amortisseur, de contenant de l'émotion et de l'excitation qui, sans doute, n'aurait pas manqué de se manifester avec ce groupe d'enfants, en l'absence du recours possible à cet intermédiaire. Le jeu médiateur entre le corps et les mots réintroduit la motricité en la symbolisant.

Par ailleurs, nous voyons que le choix d'un dispositif particulier, incluant des objets médiateurs utilisables par les enfants comme « objeu »[1] (c'est un objet pour jouer, c'est aussi le jeu pris comme objet pour symboliser), a aidé à la symbolisation. En effet, on ne symbolise pas tous de la même façon et *a fortiori* à des âges et avec des organisations psychopathologiques différentes. Ainsi, jusqu'à un certain âge, le langage parlé ne peut qu'accompagner une activité de symbolisation, qui passe alors par l'étayage perceptivo-moteur de certains objets matériels qui fournissent matière à symboliser. Par la suite, si le langage convient, il présente néanmoins, souvent, certaines limites et dans ce cas, un support matériel de l'activité représentative s'avère nécessaire, c'est ce qui explique la présence des objets proposés dans ce groupe.

---

1. Objeu : terme employé par Ponge, cité par Roussillon (1997).

Le rôle du thérapeute

C'est la créativité du thérapeute qui est interpellée car la possibilité médiative n'est pas attachée, nous l'avons vu, à la présence ou non d'objets divers ou variés mais à l'utilisation qui peut en être faite, en particulier, à partir de cette qualité spécifique introduite par M. Milner (1979) et ensuite définie par R. Roussillon (1991) qu'est la malléabilité, et qui permet la création. Le médium, ici l'objet médiateur, servirait donc d'interprète, de transformateur, de transmetteur, de symboliseur entre la réalité psychique et la réalité externe. Pour jouer ce rôle, il doit être malléable, c'est-à-dire, à la fois indestructible, extrêmement sensible et indéfiniment transformable, tout en restant lui-même.

La pâte à modeler, l'air transformé en son, l'eau (mais sa mise en forme nécessite alors d'autres objets récipients), sont manipulables et transformables sans être endommagés ou détruits par cette transformation. Ce sont les exemples que donne R. Roussillon (1991), du médium malléable tel qu'il le définit. Pour autant, il est tout de même possible d'utiliser, dans certaines limites inventives, un bon nombre d'objets et de techniques, en tenant compte de ces propriétés. Par exemple, un dessin déchiré peut toujours être recollé, froissé en boule ; il peut se déplier ou devenir une balle ou un projectile. De la même façon, la craie, mise à la disposition des enfants puisque, la plupart du temps, la salle du groupe comporte un grand tableau, peut servir ainsi de médium malléable. Transformée en poudre, elle devient objet de maquillage, voire même médicament ; elle peut aussi être reconstituée à grand renfort de salive puis laissée sécher, moulée dans des morceaux de papier pour ensuite prendre une autre figuration, selon les besoins expressifs du moment. Les petits ballons de baudruche ou de caoutchouc gonflable sont aussi utilisables avec des enfants jeunes. C'est la répétition des gestes simples modifiant l'aspect et/ou l'utilisation de ces objets, tout en conservant la matière qui permet à l'enfant d'expérimenter symboliquement cette fonction malléable de l'environnement, qui avait pu faire défaut lors de ses premières rencontres avec le monde.

Dans les psychothérapies de groupe avec des enfants très jeunes et/ou avec des pathologies limites n'ayant pas élaboré la séparation et l'absence et donc entrant difficilement dans la symbolisation, le risque est de rester dans l'expressivité agie et souvent violente, alors que l'objectif du groupe est d'amener à la symbolisation et au langage.

À ce moment-là, le thérapeute ne peut qu'essayer de rentrer en contact avec les enfants en « jouant » lui-même, c'est-à-dire en essayant de « médiatiser » en transformant l'agi, par exemple, en jeu de faire semblant pour faire du lien, ou en racontant une histoire qui puisse donner aux enfants des représentations en liens avec les affects éprouvés et qui sont de leur côté, le plus souvent, simplement agis défensivement ou projectivement. Cependant, ces activités motrices, qui constituent, souvent et pendant longtemps, les seules « occupations » des enfants dans les groupes, ne sont pas à considérer seulement comme des défenses mais aussi comme des équivalents symboliques, des prémisses de l'activité représentative à construire avec les enfants.

Les groupes à médiation

Dans certains groupes où l'analyse du sens n'est pas reconnue comme l'objectif premier du travail thérapeutique, l'animateur thérapeute n'intervient que dans le respect des consignes propres à chaque technique et non dans des interprétations concernant l'entité groupale. L'objet médiateur, dans cette optique, serait une partie intégrante d'un dispositif particulier, mis en place pour répondre aux difficultés que peuvent avoir certains patients à symboliser et aiderait le thérapeute à privilégier un travail favorisant les processus de symbolisation difficiles à mettre en place seulement par des interventions verbales. Ce qui semble le plus important est la relation à la médiation. Les liens d'une séance à l'autre se font autour de cette médiation par les thérapeutes, dans les propositions qu'ils font ou dans les règles qu'ils mettent en place. Pourtant, ce qui est primordial, ce ne sont pas tant les qualités concrètes de tel ou tel support mais les possibilités qu'il ouvre pour instaurer une relation à l'autre dans le champ groupal.

Ces groupes ont donc leurs indications spécifiques. Sont particulièrement concernés, par exemple, les patients, souvent des enfants jeunes, démunis dans leurs capacités à mentaliser et à prendre la parole, surtout lorsqu'ils constituent la majorité du public auquel s'adresse le groupe, comme c'est le cas dans un milieu institutionnel. Chaque praticien choisira son dispositif en fonction de différents critères importants à prendre en compte, tels que l'objectif à atteindre, la formation du thérapeute, les capacités associatives de la majorité des patients, le contexte institutionnel.

Dans ce type de groupe, même si dans une certaine mesure, la fonction médiatrice ne peut qu'être associée à un processus de création, ce qui est présenté comme préalable, ce sont les règles de fonctionnement déterminées par un projet concernant l'usage de la médiation choisie ; la médiation est déjà là, s'impose comme le ciment du groupe. Nous parlons ici de la plupart des groupes dits à médiation utilisant, dans des règles spécifiques à chaque animation, les contes, les marionnettes, la musique, la danse, la peinture, l'écriture, ainsi que certains ateliers thérapeutiques qui, malgré leur dimension pédagogique ou socialisante, ne sont pas à considérer seulement comme des activités à visée opératoire ou adaptative, ni comme des moments occupationnels au sein des institutions de soins.

Par ailleurs, un certain type de groupes d'enfants à visée thérapeutique se caractérise par la place originale allouée dans le dispositif à la médiation qui, bien que toujours présente et importante, ne donne toutefois pas lieu à une technique spécifique. En effet, l'activité groupale qui s'organise alors autour de la médiation n'est jamais à négliger mais n'exclut pas pour autant l'élaboration des différents mouvements groupaux qui vont, si le dispositif le permet, inévitablement se déployer dans ces situations plurielles. La question qui se pose, alors, est celle de la coexistence et des interactions de ces différents paramètres, ainsi que du niveau de leur prise en compte dans les interventions puisque, dans ces groupes, les règles de fonctionnement autour de la médiation ne sont pas codifiées.

Essayer d'anticiper la façon dont ils vont interférer entre eux et avec les phénomènes groupaux en fonction des objectifs fixés nécessite, comme nous venons de le dire, une réflexion approfondie qui ne laisse pas de place à l'improvisation ou au hasard. Il convient, à notre avis, surtout de choisir une médiation sur laquelle pouvoir s'appuyer pour moduler la régression due à la mise en groupe et proposer une expérience limitante, donc contenante. En effet, il existe un danger que l'excitation liée à la mise en groupe accentue le mouvement régressif fragilisant le moi des enfants, ce qui irait à l'encontre du but recherché, spécialement dans ce type de groupe dont l'objectif est bien plutôt de soutenir les fonctions moïques. Cette médiation sera d'autant plus à même de jouer ce rôle si elle est choisie en référence à son expérience professionnelle et à sa formation. D'autre part, elle aura aussi incontestablement un effet de protection pour l'animateur, qui ne sera pas visé directement lors des débordements d'affects à son égard, leur manifestation trouvant alors à s'exprimer dans le maniement des objets médiateurs.

Comme nous le verrons dans le chapitre 4, le dispositif va être au service du cadre. C'est pourquoi nous choisissons, toujours, les médiations en fonction du projet thérapeutique.

Dans ces groupes, le sentiment d'appartenance groupal se construit autour de l'utilisation de la médiation avec l'aide active de l'animateur qui propose un modèle identificatoire. Dans un deuxième temps, le travail sur le groupe ouvre le champ de la créativité et laisse aux enfants la possibilité d'une utilisation originale dans le va et vient du groupal à l'individuel et de l'immuabilité de l'objet à son éventuelle transformation dans la création. Nous préconisons cette méthode, qui est, d'ailleurs, déjà largement utilisée lorsqu'il s'agit de groupes à visée thérapeutique animés par des infirmiers, éducateurs ou orthophonistes et psychomotriciens.

Ainsi, selon la place qui lui sera assignée dans le groupe, la médiation soit s'intégrera simplement aux techniques psychothérapeutiques groupales d'inspiration psychanalytique, soit exigera un recours à des règles spécifiques, définies par ses caractéristiques propres, ou bien, enfin, accompagnera le processus groupal et en potentialisera les effets de contenance et de pare excitation, en limitant la régression, et c'est cette place particulière qui spécifiera un type de groupe plutôt qu'un autre. Donc, pour nous il est difficile de généraliser l'acception de groupe à médiation, la présence d'une médiation à elle seule ne donnant pas un caractère spécifique au groupe dans lequel elle est intégrée.

Il semble bien que la réalité du terrain soit plus complexe et que cette classification soit un peu rigide et réductrice. C'est ce que nous montre tous les jours notre travail de supervision.

Si nous avons pour objectif de donner aux psychothérapeutes la possibilité de mettre en place des dispositifs spécifiques, réfléchis dans la perspective de la mise en œuvre d'un processus analytique groupal, avec nos collègues éducateurs, enseignants spécialisés, infirmiers, orthophonistes, psychomotriciens... nous nous centrons plutôt sur l'accompagnement de leurs pratiques en cours. Nous avons alors, le souci de favoriser une lecture groupale du travail qui s'y effectue, à partir d'une réflexion prenant en compte à la fois la médiation, la dynamique groupale et la spécificité de leurs acquis professionnels antérieurs. La formation initiale des conducteurs des groupes revêt, en effet, une importance qui n'est pas à négliger.

Un groupe de psychomotricité

Ainsi nous proposons, un exemple de groupe coconduit par une de nos stagiaires[1] en cours de supervision.

---

1. Patricia Jouas, psychomotricienne et Lionel Meistermann éducateur spécialisé, que nous remercions de leur collaboration.

Les débuts sont assez laborieux, les enfants réagissent (surtout à cause de problèmes institutionnels d'organisation de l'hôpital de jour et d'emploi du temps des animateurs), par de l'excitation et de l'éclatement. Les adultes sont conscients du caractère peu solide et enveloppant de leur dispositif. Une réflexion sur cette problématique, en lien avec les difficultés institutionnelles, amène à plus de rigueur et les manifestations de désorganisation des enfants s'atténuent. Au bout de quelques mois (décembre à juin), il semble que se mette en place une réelle possibilité de fonctionnement groupal. Les enfants évoluent, en particulier au niveau du langage et, parallèlement, des tentatives d'écriture apparaissent, spontanément, de la part des plus avancés.

La séance se situe au mois d'octobre, donc deux mois avant le premier anniversaire du groupe.

Le groupe a lieu une fois par semaine dans la salle de psychomotricité, préparée et réaménagée avant chaque séance. Celle ci dure quarante-cinq minutes, ensuite les animateurs disposent de vingt minutes de régulation, avec prise de notes.

Il est composé de cinq enfants âgés de six ans neuf mois à huit ans dix mois au début du groupe, quatre garçons et une fille, présentant des pathologies de nature psychotiques. Abdel, Réda et Hervé ont acquis le langage ; pour Axel et Léa il est encore en constitution, avec plus de difficultés pour Léa.

C'est un groupe *slow open* et les indications sont déjà définies au moment de construire le projet. La première séance commence avec quatre enfants, le cinquième les rejoint à la cinquième séance (son arrivée a été annoncée d'emblée aux autres et rappelée lors de la quatrième séance). La durée a été fixée à l'avance, sur deux ans.

La psychomotricité, sous forme de proposition de jeux privilégiant l'action, la mobilisation corporelle, les éprouvés corporels, accompagnés d'une mise en mots, en constituent la médiation.

Le groupe est coanimé par une psychomotricienne et un éducateur spécialisé.

Les enfants arrivent à l'Hôpital de Jour, ils sont accueillis sur leur groupe éducatif. La thérapeute, psychomotricienne, a un bref échange avec son collègue éducateur, lui rappelle le plan de la séance d'aujourd'hui, en référence à leur postgroupe de la semaine précédente. Ensuite, elle prépare la salle et attend les enfants.

A leur arrivée avec l'éducateur, elle met en marche le lecteur de CD, le rituel de début de séance commence : on se dit bonjour avec en fond sonore la chanson « Bonjour », en se serrant la main de façon plus ou moins spontanée Ensuite, chacun est invité à prendre un tapis individuel (il y en a 7). L'un d'entre eux reste inoccupé.

« Qui n'est pas là aujourd'hui ? » dit la thérapeute, pour mettre des mots sur cette absence. Un enfant nomme Léa. Les adultes précisent qu'elle est toujours inscrite à ce groupe.

Chacun s'installe, maintenant assez rapidement, sur son tapis. Le déroulement de la séance est annoncé : « Aujourd'hui on commence par la ronde, après la chenille, après l'espalier, après le jeu du hamac et à la fin, le temps calme. »

« Y'a d'l'école ? » interroge Abdel, et il énumère les jours : « Lundi, mardi, mercredi, jeudi, vendredi, samedi, dimanche ! » Avec un accent jubilatoire sur « dimanche ».

Habituellement, il souligne ainsi les interruptions, car il est question des prochaines vacances. Il est donc précisé le calendrier d'ouverture : « Le groupe aura lieu mercredi prochain, pas le suivant et il reprendra le mercredi après les congés. »

Les adultes, debout, tendent leurs mains pour que la ronde se forme et tous chantent invariablement « La Capucine », aujourd'hui avec un tempo rapide. À la fin, on crie « youuouou... » en sautant et en lâchant les mains des autres ; moment jubilatoire, où Axel est un peu débordé par ses rires mais la ronde se reforme plusieurs fois, dans un sens, dans un autre. Quelqu'un s'en échappe, la ronde le poursuit et l'entoure, et il se retrouve au milieu (en général, ravi). Actuellement, trois enfants sur quatre fredonnent, au moins partiellement, la chanson.

Le plus agité entre deux adultes, les meneurs en tête, à tour de rôle, la chenille démarre, comme dans les noces. Les adultes lancent la chanson, on passe devant le miroir, deux enfants, plus particulièrement, se regardent et regardent l'ensemble. Même Hervé, le plus agité, qui se laissait tomber et freinait la chenille, va aujourd'hui conduire ; il n'est, d'ailleurs, plus hypotonique à ce moment-là, et son agitation a cessé.

Après ces deux séquences organisées et dirigées, Abdel se plante devant l'éducateur et affirme, avec une voix qui porte :

« C'est moi B. (= son nom de famille). » Il s'était beaucoup regardé dans le miroir aujourd'hui.

Les enfants sont alors invités à s'asseoir sur un banc. C'est toujours l'éducateur qui « ploufe » pour désigner un tour de rôle. En effet, le jeu de l'espalier nécessite une participation individuelle car il est un peu dangereux de monter à plusieurs en même temps.

La dimension groupale se fait à travers le comptage (ensemble) des barreaux, gravis un à un, ou deux à deux, de manière plus ou moins rapide, hésitante, prudente ou décidée. On y met le ton qui convient, de façon encourageante. Quand le participant descend, c'est un compte à rebours. C'est un moment vécu de façon très narcissisante par tous, même par ceux qui redoutent le regard de l'autre – mais il est vrai que les regards qui accompagnent leur ascension sont dans leur dos ! Le but est d'essayer de toucher la limite du plafond. Réda y parvient facilement, dès la première fois, avec cependant un moment d'appréhension qui montre qu'il a éprouvé la notion de hauteur, sa réputation d'enfant casse-cou doit donc être nuancée. D'autres, plus inhibés, moins à l'aise dans leur corps, y parviendront, après plusieurs séances. Aujourd'hui, deux enfants demandent à « ploufer » comme leur éducateur : Abdel, l'aîné du groupe, celui qui vient de se nommer par son nom de famille, et Hervé, qui semble plus enclin à faire ou à parler comme les adultes. Ces demandes seront intégrées dans la prochaine séance.

Après un tirage au sort par « ploufage », un enfant s'allonge sur un grand tissu, que les adultes vont porter, balancer doucement. Il est demandé à chaque enfant de choisir une chanson qui sera chantée ensemble, pendant le temps où il est ainsi bercé. Nous demandons aux autres de participer au portage, d'éprouver le poids du corps de l'autre. Axel a du mal à participer au portage, à attendre son tour, à choisir une chanson (il reprend le choix d'un autre), et il court un peu partout. Hervé demande qu'on chante *Vive la vie*. « Personne ne connaît *Vive le vent* », répond un adulte. « Non, ce n'est pas ça. *Vive la vie* ! », insiste-t-il. « *Vive le groupe*, peut-être ? », dit un adulte, « alors il faudrait inventer cette chanson ensemble. Voila une idée à développer pour une prochaine fois. »

Dernière séquence : le temps calme

L'un des adultes met en marche le lecteur de CD : « Maintenant on va écouter tranquillement la musique. » (morceau instrumental). Chacun est invité à prendre un tapis individuel, à s'installer : coussins, tissus doux, poupées sont à disposition. Réda prend un polochon, qu'il aime agripper contre lui. Axel ne veut pas s'installer, il s'affaire loin des tapis, reste à part. Les autres s'installent, s'allongent, les adultes restent assis sur leur tapis. Axel interpelle les enfants par leur prénom, s'approche d'eux, veut s'installer sur le même tapis qu'un autre qui, soit le repousse soit répond à son jeu de la même façon, ce qui trouble le calme espéré. Nous rappelons la consigne, peu à peu tout le monde est installé, un moment de calme apparaît.

Fin de la séance.

« On va ranger les tapis, remettre nos chaussures. »

Axel traîne un peu, mais il n'a plus de crise d'angoisse au moment de se quitter.

Abdel et Hervé ont trouvé le moyen de s'occuper pour attendre le dernier : ils se mettent à dessiner au tableau avec des craies, écrivent leur prénom. Abdel essaie d'écrire celui d'un enfant qui vient de passer dans le groupe des grands.

La thérapeute leur dit : « À mercredi prochain ! » « On part tous ensemble ! », rappelle l'éducateur qui les raccompagne jusqu'au groupe de vie.

Une des premières caractéristiques à remarquer ici se rapporte à la continuité : les liens sont faits entre les séances par la proposition de jeux, d'activités motrices tenant compte du déroulement et du contenu de la séance précédente. Les échanges du postgroupe permettent aux deux animateurs d'aménager la trame de la séance suivante. Ainsi, ils repèrent, par exemple, la possibilité de laisser les enfants « ploufer » et s'organiser donc, eux-mêmes, lors d'une prochaine séance ; il en est de même de l'idée d'inventer la chanson *Vive le groupe*. La préparation de la séance leur sert aussi à se préparer à accueillir les enfants. Elle permet des conditions favorables pour préserver leur capacité à penser, avant mais aussi pendant la séance, alors qu'ils sont confrontés à une pathologie particulière, qui a la réputation, justement, d'attaquer la pensée des soignants.

Le choix de la médiation psychomotrice s'appuie sur l'idée de contenir les angoisses et de mettre en relation la sensorialité des enfants avec l'expérimentation du temps et de l'espace, en ayant l'objectif de leur permettre d'acquérir des repères temporaux et spatiaux à intérioriser. D'où la ritualisation de certains moments de la séance : début, fin, et les essais d'expérimenter les limites spatiales de la salle (monter jusqu'au plafond). Les jeux proposés ont d'autre part, pour souci, de répondre à la problématique des enfants : le collage ou l'agrippement pour la ronde ou la chenille, par exemple.

Nous remarquons que la dimension groupale est présente dans la façon d'organiser la séance par les animateurs, elle se manifeste chez les enfants à différents moments : le rassemblement autour d'une simple consigne verbale, la facilité du trajet, la possibilité nouvelle de parvenir à réaliser le jeu de la chenille, les chansons qui commencent à être fredonnées par les enfants, l'impression de plaisir dans les moments de jeu, la sédation des crises d'angoisse d'Axel et l'apparition d'un silence paisible, à la fin.

Durant la séance, apparaissent des moments de recherche d'individuation à l'intérieur du mouvement plus globalement groupal soutenu par les animateurs avec les accompagnements chantés.

Chapitre 3

LE JEU ET LE GROUPE

Dans le chapitre précédent, nous nous sommes penchés sur la fonction singulière que prend l'objet médiateur au cours du processus thérapeutique, mais qui n'est pas donnée par son statut d'objet concret. Ce chapitre s'intéresse, dans la même perspective, au jeu. En effet, les groupes thérapeutiques, surtout avec les enfants jeunes, ne limitent pas leurs dispositifs à l'expression verbale. Dans tous les groupes, le jeu intervient et occupe une place importante dans la constitution du groupe et le déploiement du processus. D'autre part, Il existe de nombreux groupes dans lesquels le jeu et des jouets qui lui sont associés, sont proposés aux enfants pour aider à leur expressivité.

Comme le crayon et le papier peuvent servir de support au dessin, les jouets comme n'importe quel objet, peuvent donner lieu à du jeu et c'est cette activité ludique qui, comme le dessin, prendra ou non dans les groupes une fonction de médiation, et non le jouet ou la boite de jeu et son contenu. Dans quelles conditions et pour quels résultats ?

La présence du jouet n'implique pas automatiquement le jeu, loin de là. Si jeu il y a, de quel jeu s'agit-il ? Et, question primordiale dans un groupe, qui joue ? Les enfants ? Le ou les adultes ? Tous ensemble ? Dans quels objectifs ? Autant d'interrogations qui vont amener des réponses spécifiant des types de groupe différents.

Un médiateur de la vie psychique

Nous souhaitons, en posant cette question ; réserver une place spéciale aux différentes façons de travailler avec le jeu. En effet, concernant les enfants, les groupes à médiation s'appuient assez souvent sur cette activité, qu'elle soit déjà là, spontanée, ou qu'il faille la faire advenir en aidant les enfants à y accéder. Ceci à juste titre, d'ailleurs, puisque le jeu, mode privilégié de l'expression enfantine, peut être considéré comme un médiateur de la vie psychique. En ce sens, il remplit pour l'enfant une fonction développementale « normale », pour laquelle de nombreux auteurs, de J. Piaget (1959) à P. Gutton (1988), en passant par H. Wallon (1942), D.W. Winnicott (1971) ou D. Rosenblatt (1977) et J. Château (1950), ont manifesté un intérêt particulier. Chaque étude, chaque classification en complète une autre, par l'éclairage nouveau qu'elle en donne. Cependant, la plupart se retrouvent d'accord sur cette caractéristique essentielle du jeu que constituent ses rapports avec le langage. Tout ce qui sert à manifester au dehors notre intériorité peut porter le nom de langage et, pour J. Piaget, le jeu serait l'équivalent du langage parlé avant que ce dernier n'apparaisse ou, du moins, avant qu'il ne soit suffisamment élaboré pour avoir valeur d'expression. C'est un des moyens d'entrer en communication avec l'autre, d'échanger, mais aussi de parler de soi. Avec le jeu sensorimoteur l'enfant parle à l'autre, avec le jeu symbolique l'enfant parle de lui. L'enfant qui joue pénètre, donc, dans le processus tiers qui sera celui de la symbolisation.

L'acte ludique est maîtrise de l'environnement. Il est possession de l'objet, il peut se définir comme la domination d'un monde auparavant dominateur. Ce renversement de la situation (actif-passif) est une autre façon de décrire la symbolisation, qui serait alors un processus de libidinisation du monde extérieur, qu'il unit en un pont au monde interne.

Dans cette perspective, l'acte ludique va se trouver obligatoirement chargé d'un sentiment de maîtrise de l'élément extérieur. Si le fantasme était tout puissant, le jeu cherche seulement à l'être. Cependant, le jeu garde toujours le souvenir de cette maîtrise, de telle sorte que l'action ludique en maîtrisant le fantasme, le réalise en quelque sorte, de façon déplacée dans l'espace. Le monde fantasmatique se trouve extériorisé, projeté du dedans au dehors. Ce processus, qui s'apparente à ce que M. Klein (1959) a décrit comme le clivage, est un des premiers modes de défense du moi.

Ce qui défend l'enfant contre son fantasme de toute puissance c'est la réalité du jeu, dont le contenu se trouve infiltré de cette même toute puissance mais qui substitue au fantasme de toute puissance une action de puissance relative. Le jeu administre la preuve de sa non toute puissance et par là de son pouvoir réel, ce qui a une valeur de réassurance narcissique. L'enfant est alors dans l'illusion et non dans l'omnipotence.

Le jeu peut se définir comme passage du fantasme au symbole : jouer c'est désavouer et surmonter le fantasme archaïque.

Dans le groupe thérapeutique, en jouant, on expérimente sa toute puissance dans la créativité, mais on la limite dans le faire semblant et dans la prise en compte de l'autre. Le groupe thérapeutique va ainsi permettre l'expérimentation du passage de l'omnipotence à l'illusion, en donnant la possibilité de la symboliser, (D.W. Winnicott, 1969). En jouant on crée, on maîtrise l'espace groupal comme l'enfant seul joue pour maîtriser la réalité. L'enfant qui joue tente, à chaque instant, de nouvelles expériences. La fonction de maîtrise et d'organisation du jeu doit rester présente à notre esprit. Quelque chose du groupe se crée autour du jeu, qui est un attracteur. Le jeu évite la désorganisation et maintient les liens. Il est un des moyens d'entrer en communication avec l'autre, d'échanger, mais aussi de parler de soi.

Le jeu commence dès la naissance, instauré par les stimulations de l'entourage. Le jeu suppose donc l'autre. Il se déploie dans une situation intersubjective.

Si, dans l'histoire du développement de l'enfant, le jeu suppose un partenaire, c'est toujours cet autre qui initie le jeu, même si, très tôt, en particulier dès le sixième mois, le bébé va solliciter l'interaction ludique. Le jeu solitaire, n'est donc possible que s'il a d'abord été précédé par un jeu de l'autre à soi ; il ne peut exister que s'il s'appuie sur une première relation à l'objet.

On constate, d'autre part, qu'en groupe, les jeunes enfants jouent d'abord seuls : ils manipulent, explorent ou observent les autres, sans participer. Le passage au jeu socialisé n'en est pas pour cela acquis. Plus tard, ils peuvent jouer parallèlement aux mêmes jeux que d'autres sans coopérer, mais en prenant en compte, sur un mode associatif, l'activité ludique de l'autre. Ensuite débutent, à titre d'imitation, les jeux de règles des aînés, mais ce n'est qu'à partir de sept, huit ans que ces jeux deviennent spontanés.

Le jeu, médiateur de la vie psychique de l'enfant, va donc tenir une place variable en fonction des âges et des pathologies dans les groupes thérapeutiques.

La présence et les interventions de l'adulte vont à la fois infléchir et potentialiser ses modes d'expression. L'adulte doit s'accoutumer, accepter et même se servir du goût et des capacités de jouer de l'enfant.

Jouer implique, pour l'adulte, qu'il a la capacité d'accéder aux mêmes sources de l'imaginaire qui alimentent le jeu de l'enfant. Mais de quelle façon va-t-il jouer avec les enfants ? Comment sa présence et ses interventions vont-elles influer sur ce jeu, sur ses qualités ? La vignette clinique suivante nous en donne un premier exemple, avec des enfants de l'âge de la latence.

Entrer dans le jeu

> Depuis plusieurs semaines, dès le début de la séance, deux garçons d'une dizaine d'années, après s'être taquinés, accrochés verbalement puis, insultés, en viennent finalement aux mains et utilisent, comme projectiles, des morceaux de craie mis à leur disposition dans la salle du groupe qui est équipée d'un tableau. Il n'y a aucun autre matériel, le groupe thérapeutique a comme projet d'être essentiellement basé sur l'expression verbale. Il est composé de six enfants entre dix et onze ans, quatre garçons et deux filles réunis en monothérapie, une fois par semaine, depuis quelques mois. Les parents, de leur côté, bénéficient d'un accompagnement mensuel, en groupe. Ce scénario répétitif n'entraîne pas les autres enfants dans des agis violents, trois sont plutôt sur un versant inhibé et ne manifestent pas grand-chose ; le quatrième, de sa place, explose souvent verbalement, ce qui ne fait qu'accentuer l'excitation et la violence des deux premiers. Le caractère récurrent des séances pose problème. Les enfants ont pourtant, en commun, un bon niveau de verbalisation et une réussite scolaire convenable qui laissaient augurer, de leur part, un comportement plus « adapté ». Mais ils partagent aussi des difficultés importantes d'intégration dans leurs groupes scolaires ou familiaux que ce soit du fait de leur violence ou de leur inhibition.
>
> Les essais d'interventions de la thérapeute restent sans effets, d'ailleurs, le niveau sonore entretenu par les deux belligérants n'autorise que très peu de tentatives de sa part, si elle veut rester dans une position d'adulte thérapeute respectable, donc sans interventions surmoïques ou pire encore ! Elle se sent dévalorisée, et même persécutée, par les agissements de ces enfants qui lui semblent mettre à mal l'objectif thérapeutique des séances, beaucoup plus que seulement mise à l'écart, comme c'est habituellement le cas lors de certaines phases des groupes. Ces réflexions intérieures l'interrogent et font leur chemin tandis que les craies pleuvent littéralement sur tous, bien qu'à l'origine, elles soient seulement destinées aux deux bagarreurs. Une petite fille passe tout d'un coup sous la table pour se protéger, un garçon la suit en disant « tous aux abris », puis un autre l'imite et ainsi de suite. La thérapeute se retrouve alors, seule, assise sur sa chaise, pendant que la bagarre continue de plus belle. Elle hésite un peu, puis se décide à suivre le mouvement, à entrer avec eux dans le jeu. La voilà donc aussi sous la table : un des enfants va récupérer des morceaux

de craie par terre et organise un jeu de pendu, avec les autres, sur l'envers du plateau de la table. Ceci dure un petit moment, sans qu'elle y participe directement, jusqu'à ce que les deux premiers garçons, prenant subitement conscience de l'incongruité de la situation, s'arrêtent tout d'un coup de se poursuivre en hurlant et disent :

« Mais qu'est-ce qu'on fait là, on a l'air un peu con, non ? », et ils demandent à venir rejoindre les autres participants. Ce qui est aussitôt fait dans une atmosphère détendue, bon enfant, sans excitation. On se serre un peu et le jeu continue. Cependant, la thérapeute suggère, très vite, que, puisqu'on est tous ensemble, le mieux serait peut-être de retourner s'asseoir autour de la table pour parler de ce qui vient de se passer. Les deux lanceurs de craies expliquent alors qu'ils ne comprennent pas bien comment ils en sont arrivés là. Un des deux saigne un peu mais il assure que ce n'est pas grave du tout. Ils finissent par expliquer : « Vous avez dit au début du groupe, que nous étions là pour essayer de mieux se connaître et tâcher de comprendre ce qui allait se passer entre nous. C'est ce qu'on a fait ; on n'avait peut-être pas d'autre moyen de se rencontrer, de faire connaissance. »

Les autres enfants, enchaînent en disant : « Tant mieux, maintenant on peut continuer à jouer ensemble. » et ils partent tous au tableau reprendre leur jeu de pendu. Ce dernier se transforme et consiste, petit à petit, pour les uns, à proposer une succession de mots obscènes que les autres prennent beaucoup de plaisir à découvrir mais, disent-ils en s'adressant à la thérapeute : « On peut bien les écrire puisque vous n'êtes pas nos parents. »

Le jeu et la réalité

Dans les toutes premières séances de ce groupe, comme c'est habituellement le cas, ces enfants d'âge de la latence et déjà bien socialisés, ont mis en place spontanément des jeux dérivés de ceux qu'ils connaissent et pratiquent par ailleurs, comme celui du pendu ou des métiers. Ils transportent le social à l'intérieur de l'espace thérapeutique, comme une réassurance face à la situation anxiogène groupale. Ils se raccrochent alors au connu, organisé, qu'ils peuvent partager pour se protéger de l'inconnu de la situation nouvelle proposée, des angoisses réveillées par cette approche et aussi de la présence de l'adulte, vécue comme séductrice et/ou intrusive. Ils tentent de faire fonctionner le groupe sur un mode fraternel désexualisé et cette activité commune de jeu, ce game, est une première tentative de rencontre et d'organisation collective sur laquelle, plus tard, les enfants s'appuieront (avec l'aide du thérapeute) pour redéfinir et recréer les règles de fonctionnement du groupe thérapeutique, qui sera alors investi comme tel. Mais cette étape, à la fois défensive et organisatrice, peut être d'assez courte durée comme ce fut le cas pour ce groupe.

DE L'OMNIPOTENCE À L'ILLUSION

> Reprenons donc la vignette clinique : la première tentative d'organisation groupale autour des jeux du début ne tient pas longtemps, les craintes de fusion, de chaos persistent. En effet, comme toute situation nouvelle, la mise en groupe en présence d'un adulte a suscité de l'excitation en rapport, ici, surtout, semble-t-il, avec des fantasmes de perte d'objet, réactivant les angoisses d'abandon. Cette excitation prend ici des formes d'expression différentes selon les enfants. Elle se traduit par de l'inhibition pour les uns, par de l'agitation, pour les autres. Ce comportement agi, qui s'apparente à un état de défense maniaque, met à mal le cadre thérapeutique groupal, aboutissant à une véritable attaque de la faculté de penser des adultes comme des enfants et, peu à peu, s'installe un état de désorganisation qui a atteint son apogée dans les séances décrites précédemment. Laisser se déployer ce moment de régression a permis une mise en rapport entre l'infantile du thérapeute et la problématique des enfants. Pour cela, la thérapeute a dû accepter de se trouver confrontée à la régression formelle de sa pensée, à l'inconnu, voire à la désorganisation. Elle a choisi d'aller à la rencontre des enfants, au niveau où ils en sont, dans ce moment particulier du groupe, où ils lui font vivre en quelque sorte l'abandon et le désinvestissement maternel. Ceci en réponse, sans doute, à sa position jusque-là trop adulte, trop éloignée d'eux et ressentie par certains comme abandonnante et, sans doute, aussi persécutrice. L'identification projective ayant joué dans les deux sens ! Pour cela, elle s'est donc appuyée sur les possibilités ludiques de symbolisation d'une partie des enfants dont le retrait était, sans doute, une position défensive, en miroir de la sienne, qui plus est!

En dehors de toute autre considération, ce dernier élément montre l'intérêt, lorsque cela est possible, du mélange des organisations psychopathologiques dans la composition de nos groupes.

Ainsi, les interventions du thérapeute n'ont pas pour but de supprimer l'excitation en soi, mais de la rendre utilisable, en favorisant l'expression créative et, par là même, l'accès à la symbolisation.

En effet, par la suite, la rivalité agressive, voire une certaine violence, est symbolisée dans des jeux organisés par les enfants, auxquels ils vont tous participer, y compris les inhibés, dont l'un d'entre eux commencera alors seulement à sortir de son retrait.

Le jeu création collective

Pour les enfants qui jouent, suffisamment entrés dans le processus de symbolisation, mais ayant des difficultés plutôt dans le registre névrotique, le rôle du thérapeute, dans son travail de constitution du groupe comme un espace thérapeutique contenant, sera de donner aux enfants la possibilité de passer du *game* au *play*. Nous utilisons ces deux termes de la langue anglaise, avec lesquels D.W. Winnicott (1975) nous a familiarisés, pour différencier deux types de jeux qu'il est peu facile de distinguer dans la langue française.

Le second type de jeu ou *play* peut advenir lorsque les enfants se sentent alors suffisamment en sécurité, soutenus par le sentiment d'appartenance et contenus par la mise en place d'une enveloppe collective avec sa fonction limitante, mais aussi d'échangeur entre le dedans et le dehors. Ainsi, s'aménage un véritable espace transitionnel où peut s'élaborer une activité groupale de pensée et de symbolisation. C'est ce que nous voyons se passer dans la suite des séances de ce même groupe.

> En voici un exemple : les enfants, divisés en deux camps, rivalisent pour la possession d'un trésor. Ils construisent ensemble un scénario bien élaboré dans lequel ils se distribuent des rôles : le chef, le héros, le traître, l'espionne et cela ne dégénère pas en excitation, bien que les morceaux de craie soient toujours utilisés comme projectiles. Plus tard, il s'agira d'aller délivrer une princesse enlevée par l'armée adverse, la fille précédemment espionne devenant la princesse.

Ici, aussi, la thérapeute peut se sentir mise à l'écart, mais cela lui semble un mouvement important de construction du sentiment d'appartenance au groupe.

Le *Play* n'est pas un jeu sans règles mais un jeu sans règles préétablies qui, comme le groupe, découvre ses propres règles au fur et à mesure qu'il se déroule. Il s'appuie sur une créativité partagée, celle des enfants comme celle des adultes, car, comme le dit D.W. Winnicott (1970) :

> « C'est quand l'enfant joue et, peut-être seulement quand il joue, que l'enfant est libre de se montrer créatif ; tout comme doit être créatif le psychothérapeute pour que la psychothérapie s'effectue là où deux aires de jeux se chevauchent, celle du patient et celle du thérapeute. »

Rôle de l'adulte

Proposer à des enfants jeunes, ou avec des pathologies très régressées, des jouets ou des objets pour jouer, va aider à la symbolisation. En effet, comme nous le disions au chapitre 2, « on ne symbolise pas tous de la même façon et *a fortiori* à des âges et avec des organisations psychopathologiques différentes. » Pendant la petite enfance, dominée la période sensori-motrice, l'apparition puis l'installation du langage ne font qu'accompagner ce que J. Piaget (1959) appelle le jeu d'exercice, où les jeux utilisent les seules propriétés physiques de l'objet ; ensuite se met progressivement en place le jeu symbolique. Mais pendant encore un certain temps, le langage parlé ne pourra suffire et la présence d'objets s'avérera nécessaire, comme support de la représentation

Toutefois, le risque avec certains enfants, est de rester dans l'expressivité agie qui dégénère le plus souvent en excitation violente. Jouer à l'inverse, amènera à la symbolisation et au langage ce qui est l'objectif du groupe. Donc, avec des enfants très jeunes et/ou des pathologies limites, le thérapeute ne peut que jouer lui-même pour rentrer en contact avec les enfants, pour les amener à remplacer leurs agissements répétitifs en jeu. Créer du lien, en racontant une histoire, va aussi proposer aux enfants des représentations en rapport avec leurs affects, en évitant qu'ils soient simplement agis défensivement ou projectivement. Ceci sous entend que les activités motrices, qui ordinairement occupent ces enfants le plus souvent dans les groupes, sont à comprendre comme des prémisses de l'activité représentative à construire avec ceux. C'est ce que nous montre ce second exemple clinique :

> Il s'agit d'un groupe de quatre jeunes enfants âgés de quatre à six ans. Leurs difficultés renvoient à des pathologies lourdes de type narcissique identitaire dans un contexte familial maltraitant. Nous sommes à la dernière séance avant la séparation des vacances d'été, le début du groupe datant du mois de février. Les enfants, trois garçons et une fille, ont à leur disposition une grande feuille de papier scotchée sur la table basse, autour de laquelle sont disposées les chaises. Dans un sac, des crayons de couleur de différentes tailles et grosseurs, de la pâte à modeler, quelques livres et cubes de plastique et des petits animaux domestiques avec des barrières.
>
> Ce jour-là, comme cela se passe répétitivement depuis de longues séances, les enfants se précipitent sur le sac contenant le matériel du groupe, le vident d'un seul coup et se mettent à se bagarrer pour la possession exclusive des animaux. Les autres objets sont délaissés, chacun veut la totalité des animaux d'une même catégorie pour lui seul. Il y a une grande confusion, des cris et quelques échanges de coups. Les interventions de la thérapeute pour essayer de ramener le calme ne donnent rien, dans

un premier temps, jusqu'à ce qu'elle propose, sur le ton de la confidence, de leur montrer un jeu et leur demande de ramasser tous les animaux éparpillés dans la pièce et de les déposer au milieu de la table. Les enfants rient très fort et organisent une sorte de compétition pour faire ce qui est demandé, le mieux et le plus vite possible, impatients de découvrir ce nouveau jeu. Ils s'assoient ensuite autour de la table et elle suggère qu'un des enfants ferme les yeux pendant qu'elle prend, au hasard, une poignée d'animaux en disant « pour qui ? » La distribution continue ainsi et bientôt le jeu se met en place entre les enfants ; il n'y a plus besoin que la thérapeute intervienne autrement que par des commentaires en voix *off*. Lorsque tous les animaux sont répartis entre les enfants, ils lui redemandent un petit peu d'aide pour accrocher ensemble les barrières qui vont délimiter des enclos enfermant leurs animaux et, spontanément, le jeu se poursuit par des échanges, des « achats », chaque enfant étant devenu un fermier qui fait des affaires avec son voisin. Pendant ce temps, tout en s'intéressant à ce qui se passe, la thérapeute construit, avec les cubes, une maison. Un petit garçon dit alors aux autres : « Regardez : elle joue ! ! ! », et elle répond : « Je prépare la salle des fêtes où tous les fermiers viendront se retrouver pour un banquet après leurs affaires. » Après cette séance, plus jamais il n'y eut de disputes pour les animaux, mais pendant encore un certain temps, elle fut sollicitée par un « tu joues encore comme l'autre fois ? » pour mettre le jeu en route et, petit à petit, il put s'organiser, s'enrichir et s'étoffer grâce à la créativité des enfants.

Dans les bagarres du début, on peut dire que les enfants essayaient de symboliser leur distance à l'objet dans des mouvements, des agis moteurs porteurs d'intrusion, d'écartement, de mise en contact, la situation de groupe provoquant un abaissement identitaire propice à la sollicitation de ces niveaux archaïques.

Travailler alors les systèmes de lien et mettre en travail leurs ruptures (dans le jeu avec ce type d'enfants), est bien l'objectif du thérapeute au sein du groupe thérapeutique. Ce qui est rapporté ici, dans cette séance, peut se rapprocher de ce qu'on appelle le jeu intersubjectif qui est une des étapes de la construction du processus du jeu chez l'enfant. D.W. Winnicott (1969) l'a illustré dans « le jeu de la spatule » où est bien mise en évidence la possibilité pour l'autre de se rendre utilisable par l'enfant pour symboliser.

Le jeu intersubjectif a donc besoin, pour se dérouler, d'une réponse active et créatrice de l'autre sujet. C'est dans cette qualité de la réponse que le partenaire de l'enfant lui montre son acceptation à être utilisé pour symboliser. Se passer du besoin de la réponse effective et actuelle de l'autre, constituera une étape ultérieure dans le développement de la capacité à symboliser. Ce sont les jeux intersubjectifs antérieurs, de l'enfant avec sa mère, qui vont permettre que l'absence de l'objet devienne acceptable. Ils ont produit la capacité à supporter l'absence à partir de la présence de l'objet et vont amener à la représentation de l'absence. Se passer du besoin de la réponse effective et actuelle de l'autre et dépasser la dépendance inhérente à l'intersubjectivité sont les motifs qui président au développement du jeu autosubjectif.

Ceci amène à préciser l'importance d'une certaine qualité de réponse de l'adulte dans le jeu. En le partageant avec l'enfant, il donne sens, il est actif psychiquement et ne se contente donc pas de participer physiquement comme la « mère morte » d'André Green (1983) ou pis encore, de réprimer sans explications. Quelque chose qui est un objet devient alors un support de fantasme. Donner du sens est bien là l'équivalent de la capacité de rêverie de la mère, ce qui permet que la séparation ne soit pas vécue comme une hémorragie narcissique. Donner un sens positif, c'est éviter que les zones traumatiques soient dans la répétition, dans la pulsion de mort. Cette mise en création autorise des aménagements des auto-érotismes de l'enfant.

Mais, nous savons bien que, pour jouer, un enfant doit se sentir en sécurité et contenu, sinon il est absorbé par l'idée de sa survie psychique, il tente d'éviter l'effondrement en agissant la souffrance plutôt que de pouvoir élaborer la dépression par la mise en jeu d'une activité fantasmatique. Le thérapeute a donc pour but de canaliser l'excitation pour permettre la reconnaissance de la dépression dans l'expression créatrice. C'est, en effet, à partir de l'activité perceptivo-motrice, que se construit la symbolisation.

La fonction du thérapeute sera donc d'aménager, avec et pour les enfants, comme la maison des fermiers a été construite dans le jeu, un espace contenant, sécurisant pour qu'ils puissent jouer, un espace de symbolisation à partir de cette première enveloppe créée par les enfants, qui est une enveloppe d'excitation. Ce travail sera plus ou moins long et facile, en fonction de la gravité des pathologies.

Contenus par cette expérience collective, les enfants pourront vivre de nouvelles interactions, aussi bien avec l'adulte qu'avec les autres enfants, et ainsi élaborer des moments de perte et de séparation.

En conclusion

Les destins du jeu, et de ses rapports avec l'adulte, ne sont pas identiques dans les différentes configurations de groupes thérapeutiques caractérisées, principalement, par des différences d'âges des enfants et les tonalités pathologiques majoritaires.

À l'âge de la latence, avec des enfants dans le registre de la névrose, le jeu va aider à construire la relation à l'adulte : sa mise à l'écart et sa réintégration à travers le jeu sont, à cet égard, assez significatives. Le jeu permet de construire, avec l'adulte, des liens qui soient à la bonne distance et, en définitif, dans ces groupes, le thérapeute n'est pas sollicité de façon directe dans une fonction organisatrice et sa fonction thérapeutique va assez vite être reconnue.

En revanche, avec les enfants plus jeunes et dans des niveaux de fonctionnement psychique plus régressés, la rencontre avec l'adulte ne peut que s'appuyer sur une activité ludique partagée et même initialisée de façon active par le thérapeute, et ce n'est qu'à l'intérieur de ce jeu que vont seulement pouvoir se symboliser les liens à l'objet et l'élaboration des manques et des différences.

PARTIE 2

PRATIQUES CLINIQUES

Chapitre 4

LES PSYCHOTHÉRAPIES DE GROUPE

LE GROUPE D'ENFANTS AU REGARD DE L'APPROCHE PSYCHANALYTIQUE DES GROUPES

Aux États-Unis, S. R. Slavson en 1934 a bien été le premier à se pencher sur les groupes d'enfants, mais depuis Trigant Burrow (cité par Pigott, 1990), des auteurs tels que P. Schilder, L. Wender, A. Wolf s'étaient déjà intéressés aux questions posées par l'approche psychanalytique des groupes thérapeutiques.

En Europe, des psychanalystes comme S. H. Foulkes (1957), W. R. Bion (1961), en Grande-Bretagne, puis D. Anzieu et R. Kaës et leurs collaborateurs du Ceffrap (1972), en France, ont travaillé sur la possibilité d'appliquer certains concepts freudiens ou kleiniens à la compréhension des phénomènes de groupe mais leurs théorisations vont varier en fonction de leurs différentes pratiques.

Pour S. H. Foulkes, le groupe constitue une matrice permettant le développement de l'individualité. En revanche, pour W. R. Bion (1961), l'illusion du groupe implique la perte de l'individualité. D. Anzieu

(1975) et R. Kaës (1976), de leur côté, proposent un éclairage psychanalytique à la situation de groupe de formation issue de la dynamique des groupes des psychosociologues. Ils postulent ainsi, à la suite de J.-B. Pontalis (1968), que le groupe acquiert un statut d'objet d'investissement libidinal et décrivent le fonctionnement groupal en utilisant des concepts psychanalytiques et en se référant à cette hypothèse.

Mais pour tous ces auteurs européens, le groupe est considéré comme une entité psychologique à part entière, ayant une vie et une énergie propres, indépendante des individus qui le composent et douée d'un dynamisme évoluant pour son compte.

Nous pouvons ainsi dégager trois courants caractéristiques des différentes positions dont nous venons de parler :

– *celui qui traite des individus en groupe sans tenir compte des phénomènes groupaux, et qui postule que centrer le groupe sur sa dynamique tend à affaiblir le processus thérapeutique et peut même être nuisible à l'individu.* On peut parler ici de thérapie dans le groupe qui préserve le modèle binaire du rapport psychanalytique à l'égard de chaque patient dans le groupe (courant Nord-américain) ;

– *celui pour qui le groupe est reconnu comme une réalité psychologique spécifique, et qui admet l'idée du développement d'un processus groupal, ayant pour effet d'activer l'évolution de chacun des individus qui le composent.* Le groupe pris dans sa totalité et l'analyste forment alors la dyade psychanalytique ;

– *celui, enfin, qui prend en compte la dynamique groupale, en considérant que les effets de groupe peuvent, soit renforcer les effets thérapeutiques individuels soit, au contraire, les contrecarrer.* Il en découle la nécessité de se livrer à un travail d'analyse de groupe, ce qui conduit, entre autres, à évaluer les mouvements affectifs de l'individu vis-à-vis du groupe. Cette thérapie par le groupe prend donc, comme cadre de référence, le groupe lui-même, avec le traitement de l'individu à travers les processus de groupe.

Ces conceptions peuvent, bien sûr, se discuter, mais il nous semble que d'autres paramètres entrent en jeu lorsqu'il est question des groupes d'enfants. En particulier, la nature très spécifique du champ transféro-contre-transférentiel – qui met en jeu, comme dans toute approche psychanalytique de l'enfant, des fantasmes d'intrusion et de séduction liés à la différence des générations et va colorer, d'une façon très particulière, la dynamique groupale – mérite toute notre attention. En tout état de cause, il nous semble évident que tous les phénomènes qui apparaissent dans la vie d'un groupe d'enfants ne sont pas nécessairement les mêmes que ceux que l'on rencontre dans les groupes d'adultes.

Dans ce chapitre, nous avons comme projet de dégager quelques éléments essentiels qui caractérisent les groupes psychothérapeutiques d'enfants. La diversité, tant des techniques, que des références théoriques, des méthodes psychothérapiques collectives se référant à une compréhension psychanalytique du travail en groupes, rend difficile une étude globale de ces thérapeutiques.

Dans les institutions, à côté des groupes de jeux et de tous les groupes à médiation s'originant dans les groupes d'activités et de parole de S. R. Slavson (1953) et des prises en charge groupales des enfants autistes et psychotiques graves décrites par G. Haag (1987) S. Urwand (1995) et, dans un autre contexte, par J. Hochman (1997), se côtoient depuis longtemps les pratiques de psychodrame inspirées des travaux de J.-L. Moréno (1959).

Les psychothérapies de groupes basées sur l'échange verbal s'inspirant des recherches d'Anzieu, Bion, Foulkes et pour les enfants d'Anthony nous ont servis de référence et, c'est à partir d'elles, que nous avons choisi d'approfondir notre réflexion.

LE GROUPE POURVOYEUR DE REPRÉSENTATIONS

Penser suppose la capacité de se donner des limites et nous savons que les difficultés rencontrées dans ce domaine peuvent être liées à une certaine incapacité à supporter des contraintes. Renoncer à son omnipotence en intériorisant des limites est à l'origine de tout travail de pensée.

Le groupe thérapeutique va permettre l'expérimentation du passage de l'omnipotence à l'illusion, en donnant la possibilité de la symboliser et en permettant, progressivement, la mise en place d'une enveloppe collective. Sa fonction limitante, mais aussi d'échangeur entre le dedans et le dehors, aménagera une véritable aire transitionnelle, où pourra s'élaborer une activité groupale de pensée. Le groupe est bien, alors, un véritable médiateur (chapitre 2).

Ceci n'est pas exempt de difficultés : il existe, en effet, un danger que le groupe, par son excitation, renforce le coté pulsionnel et menace le moi des enfants ; mais il permet aussi d'accéder aux dérégulations des intrications pulsionnelles et autorise un travail de détoxication. Nous pouvons avancer que la démarche en groupe serait, grâce à un dispositif adapté et au travail d'élaboration collective sous-tendu par l'écoute empathique de l'adulte, de donner aux enfants la possibilité de créer, tous ensemble, des normes de groupe et d'en introjecter les qualités. En effet, par l'intégration positive de l'expérience groupale, l'introjection de la fonction pare-excitante de cette enveloppe collective, participera à la restauration des enveloppes psychiques individuelles défaillantes.

Dans nos premières publications nous nous sommes intéressés, plus particulièrement, à des enfants ne présentant pas des difficultés trop importantes au niveau narcissique puisque nous nous étions alors attachés à mettre en évidence les bénéfices du groupe pour des enfants ayant du mal à vivre une latence satisfaisante, mais restant dans un registre névrotique. Depuis, nous avons constaté les effets thérapeutiques de la prise en charge groupale chez des enfants souffrant de plus graves difficultés de personnalité. En effet, la pluralité, par le partage qu'elle implique en groupe, va sursignifier les sentiments d'abandon et les vécus persécutifs. Elle renvoie ainsi à des fantasmes de perte et de disparition. Nous pensons, donc, que l'espace groupal introduit, en particulier dans les groupes fermés, une distance, une transitionnalité qui rendra possible l'élaboration collective et la symbolisation du manque. En outre, le travail sur la fin a la particularité de permettre le désinvestissement collectif de l'objet groupe, conjointement à l'élaboration de la séparation (*cf.* chap. 11).

Cette élaboration de l'absence et des fantasmes destructeurs, qui permet de passer du mouvement où le manque ne suscite que désarroi ou haine destructrice à celui de la représentation de l'absent, est bien à l'origine de la faculté de penser comme du développement de la relation d'objet chez l'enfant. Accéder à la position dépressive, en acceptant ses propres limites et ses insuffisances liées à la castration, permet d'aborder un travail d'individuation plus accessible en groupe. L'incontournable confrontation aux fantasmes d'indifférenciation qui se déploient dans le groupe favorise ce travail d'individuation. Des mécanismes de défenses précoces, tels que l'omnipotence, vont alors se mettre en place et les mouvements de clivages qui conduisent au fantasme d'illusion groupale vont en permettre l'élaboration.

Ceci permet de comprendre l'intérêt du travail sur la constitution du groupe pour élaborer collectivement ce type d'angoisses précoces et favoriser ce sentiment d'appartenance qui aboutit à l'organisation limitante d'un espace groupal et permet d'expérimenter la fonction de contenance du cadre. Celle-ci, dans sa capacité à capter, à retenir et à limiter, contient les débordements qui seraient la porte ouverte à l'irreprésentable.

Par ailleurs, dans ces pathologies, on retrouve, en général, un défaut d'élaboration de la position dépressive qui entraîne une plus grande vulnérabilité à la perte d'objet, se traduisant par l'émergence d'angoisses catastrophiques. C'est ainsi, au prix d'un clivage du moi, qu'est maintenu un fonctionnement en identification projective ayant pour but d'empêcher la discrimination entre le sujet et l'objet.

Ces enfants tentent d'éviter cet effondrement en agissant la souffrance plutôt que de pouvoir élaborer la dépression par la mise en jeu d'une activité fantasmatique. Une des particularités de la mise en groupe est justement de mettre à jour les affects dépressifs. En effet, quels qu'aient été les rapports réels de tout un chacun avec sa mère, et quelles qu'aient pu être les qualités réelles de cette mère, le processus de séparation/individuation est, toujours, une épreuve douloureuse pour le bébé. Le vécu d'abandon et de perte s'assortit donc, presque obligatoirement, de sentiments d'attaques persécutrices avec des fantasmes de repénétration du corps maternel, pour y attaquer les bébés rivaux et la crainte, en retour, de menaces d'intrusion. Ce sont ces vécus oubliés que réactive la mise en groupe. Aussi le travail va porter, comme dans les premiers rapports de l'enfant avec sa mère, sur l'élaboration des écarts qui seront, d'abord petits, puis de plus en plus importants entre les vécus d'indifférenciation et de persécution et la perception adéquate des réponses des autres. Ces écarts amèneront à un travail de désillusion qui s'appuiera sur le sentiment positif d'appartenance partagée et permettra une remise en question personnelle, ainsi qu'une élaboration de ces problématiques persécutives réactivées par l'immersion groupale.

En ne verbalisant que ce qu'il y a de commun dans le matériel apporté par les enfants, le psychothérapeute va contribuer au développement du sentiment d'appartenance groupale. À un niveau plus archaïque, il va participer à la constitution de l'enveloppe groupale, qui délimite un espace psychique commun, permettant de passer de l'angoisse à la représentation et, par le biais de la verbalisation, à la mentalisation.

Le groupe joue un rôle de pourvoyeur de représentations, les unes venant se substituer aux autres ; il favorise les déplacements de la libido, et la mise à distance des représentations trop érotisées. Cela permet d'engager un travail de symbolisation qui ouvre la voie à de nouveaux investissements et aux sublimations.

Pour que le groupe ait un effet thérapeutique, il est nécessaire qu'il puisse être investi positivement par les enfants. Il peut ainsi être utilisé comme défense, espace intermédiaire et lieu de restauration. Il bénéficie, donc, d'un mouvement d'idéalisation, qui sera à certains moments le support de fantasmes d'omnipotence et de toute puissance. Le groupe devient, en quelque sorte, lieu de consolation, de satisfaction, et de plaisir de substitution.

Le groupe va également susciter et développer une activité créatrice relationnelle, rendue possible grâce à la perception de l'activité contenante du thérapeute et, surtout, de celle du groupe, qui va soutenir la continuité narcissique de l'enfant.

Cependant, tout ceci n'est possible que dans la mesure où nous sommes passés d'une phase où le groupe est ressenti comme mettant en danger le narcissisme de chacun, à une autre où il peut remplir une fonction d'étayage. Pour cela, il est bien nécessaire que, dans un premier temps, le travail soit centré essentiellement sur l'organisation du groupe. La fonction interprétative est d'aider à la constitution d'un fonctionnement groupal suffisamment contenant, pour pouvoir, dans un second temps, aborder l'analyse des contenus, c'est-à-dire, des éléments conflictuels liés aux différences et, par ce cheminement, passer du conflit interpersonnel à l'approche du conflit intrapsychique. Ceci conduit, en fin de groupe, à une approche plus individualisée, amenant à dépasser ainsi la classique opposition entre psychothérapie par le groupe et psychothérapie en groupe.

Cet effet thérapeutique ne peut donner toute sa mesure si les enfants qui composent le groupe présentent tous, soit la même symptomatologie, soit les mêmes difficultés d'organisation psychopathologique. On risquerait alors de se trouver confronté à une massification pathologique des phénomènes groupaux, difficilement élaborables. Pour exemple, nous pouvons imaginer la lourdeur d'un groupe composé d'enfants inhibés, ou la violence émanant d'un groupe réunissant exclusivement des enfants présentant d'importants troubles du comportement. Il nous paraît donc, important de tenir compte d'un dosage des pathologies et de leurs modalités expressives. En effet, une trop grande homogénéité des troubles, ainsi qu'une trop grande disparité, risquent de rendre particulièrement difficile le fonctionnement groupal, qui repose, pour les enfants, à la fois sur la possibilité d'identification et de différenciation.

LA MISE EN PLACE DU DISPOSITIF

Dans le chapitre 1, nous avons relaté comment le développement de notre recherche et l'accroissement de notre expérience clinique nos a amené à affiner, petit à petit, un dispositif qui nous semble à même de préserver notre cadre psychothérapeutique groupal. Le dispositif recouvre tous les éléments concrets qui permettent au cadre théorique, qui délimite le champ de l'activité thérapeutique choisie, d'être le plus opérant possible.

Les entretiens préalables ayant permis au thérapeute de nouer un début d'alliance thérapeutique avec chaque enfant et ses parents, une première séance de mise en place du cadre général va les réunir tous. Cette rencontre sera conduite conjointement par le thérapeute du groupe d'enfants et par l'animateur du groupe d'accompagnement qui est proposé aux parents. Cette réunion générale va instituer ces deux espaces complémentaires que ensuite fonctionneront séparément : le groupe thérapeutique d'enfants (hebdomadaire ou bi-hebdomadaire) et le groupe de parents, dont la périodicité est variable. Ce dernier se déroule soit en parallèle et à la même fréquence que celui des très jeunes enfants, soit autour d'une fois par mois pour les plus âgés et les adolescents, généralement plus autonomes.

Au cours de cette réunion commune à partir de la question des horaires, du rythme, de l'assiduité, des interruptions des vacances ou de la durée du groupe, s'inaugure l'ébauche d'un travail groupal entre les parents, les enfants restant, le plus souvent, en position d'observateurs. Cette dissymétrie donne, en général, l'occasion d'aborder la réciprocité de la règle de discrétion, qui signe la séparation des deux espaces potentiels.

À la première séance du groupe, qui a lieu quelques jours après cette rencontre, les enfants, filles et garçons, se réunissent avec leur thérapeute. Généralement, ils sont entre six et huit et la durée des séances est d'environ une heure.

Aucun matériel n'est habituellement proposé, si ce n'est quelques craies, lorsque la salle comporte un tableau. En prenant ce parti, nous nous différencions de ceux qui, à l'instar de S. R. Slavson (1953), considèrent que l'immaturité de l'enfant limite ses possibilités d'expression et de communication par le langage, et de ce fait, proposent une technique qui va privilégier l'action plutôt que la parole. Il est, certes, important de savoir accepter certaines expressions agies, puisque nous connaissons l'importance que peut revêtir pour un enfant la motricité, non seulement dans ce qu'elle véhicule d'énergie libidinale, mais aussi de défenses contre les risques d'envahissement pulsionnel. Cependant, il nous paraît primordial de favoriser le plus possible un travail qui passe par la mise en mots. C'est pourquoi les différents dispositifs que nous proposons, même s'ils incluent plus ou moins de matériel d'expression en fonction des âges ou des pathologies, mettent l'accent sur la verbalisation. L'intérêt que le thérapeute portera à la communication par la parole aidera l'enfant à se faire comprendre par des mots plutôt que par des actes ; à terme, il pourra renoncer aux positions toutes puissantes de la communication infraverbale.

Nous proposons donc, un travail groupal, essentiellement basé sur l'échange verbal pour les grands enfants, sur le jeu pour les plus petits. Toutefois, pour ces derniers et les enfants plus âgés, lorsque les pathologies le justifient, nous aménageons ce dispositif. Soit nous y intégrons la technique des territoires (*cf.* chap. 12), qui permet, dans certains cas, de tempérer l'angoisse destructurante liée à la mise en groupe soit, plus simplement, nous mettons à la disposition des enfants des feuilles de papier, des crayons, de la pâte à modeler ou des jouets, qui servent de support au travail de symbolisation (*cf.* chap. 2).

Avant de commencer un groupe thérapeutique, il est nécessaire de s'interroger sur l'espace matériel dans lequel vont se dérouler les séances, c'est-à-dire, la taille de la pièce, éventuellement sa forme et, surtout, son mobilier. Dans la mesure du possible, nous préférons une petite salle, nue et sans aucun meuble à l'exception d'une table et des chaises, toutes semblables, préparées à l'avance en nombre égal à celui des participants. Ces chaises vont constituer un espace individuel donné à chaque enfant. Leur utilisation dans des manipulations ou des jeux vont pouvoir être le support de différents mouvements groupaux (chaises entassées, renversées, accolées, séparées etc.).

Notre expérience nous a montré qu'il était plus complexe de travailler avec des enfants dans une grande salle, trop chargée de matériels divers tels qu'espalier, ballons, cordes, coussins, etc., qui équipent en général la salle consacrée à la psychomotricité, fréquemment proposée pour les groupes du fait de sa grande taille. Cette pratique nous a très vite montré qu'un trop grand espace a pour effet d'inciter les enfants à s'éparpiller, favorisant ainsi l'agi et son corollaire, l'excitation, plutôt que l'échange verbal. Ceci suscite plus facilement des activités de groupe fragmentées et des formations de sous-groupes, rendant parfois très aléatoire le travail de liaison du thérapeute. La tâche est tout aussi complexe, quand, à l'inverse, on ne dispose que d'une pièce aménagée pour un travail essentiellement individualisé de consultation, de rééducation ou de psychothérapie. Le caractère intimiste de cet environnement (bureau, fauteuil, divan, lampe, téléphone, etc.) peut amener une excitation liée à sa dimension séductrice potentielle. En effet, dans la situation de groupe, la régression va d'emblée amener à un questionnement sur l'enveloppe matérielle de l'espace groupal. L'investissement de cet espace, par les enfants, est un des premiers moyens de se protéger de cette situation nouvelle et de la proximité de l'adulte thérapeute. Mais cela nécessite l'absence de toute connotation trop personnalisée qui ferait fantasmatiquement vivre alors l'espace comme une prolongation du thérapeute et lui dénierait donc une fonction protectrice.

DISPOSITIF ET CONTRE-TRANSFERT

Nous venons de voir que le choix d'un dispositif est prédéterminé par des facteurs conscients et rationnels sur lesquels nous ne reviendrons pas.

Cependant, il est important de ne pas négliger les sousbassement inconscients qui président inévitablement à son choix. Mais le choix du dispositif ne se fait pas seulement en fonction de la pathologie ou de l'âge des enfants, voire en référence à un modèle théorique groupal préétabli, car il est important que le thérapeute se sente en cohérence avec son dispositif, puisqu'il est aussi porteur de ce que nous pourrions appeler son pré-contre-transfert, c'est-à-dire, son rapport fantasmatique à la groupalité.

Nous savons que les sollicitations contre-transférentielles en thérapie d'enfants sont bien plus importantes qu'en thérapie d'adulte. Il est non moins classique de dire qu'elles le sont davantage en traitement de groupe qu'en traitement individuel. Nous pouvons avancer qu'en présence d'un groupe d'enfants, sans doute, la tâche va être particulièrement difficile.

Tout d'abord, et ici plus qu'ailleurs, le contre-transfert du thérapeute précède et organise le transfert. Nous voulons dire par là que, pour faire du groupe, il faut déjà penser que l'on va constituer un groupe. Et, de même que le dispositif analytique est fait pour permettre l'analyse du transfert, il faut mettre en place un dispositif qui permette de faire un travail d'analyse de groupe.

Ce groupe, issu des recherches cliniques et théoriques du thérapeute, imaginé à partir des enfants qu'il a déjà rencontrés individuellement, sera marqué par la trace laissée par les groupes de son histoire personnelle et, en premier lieu, celle, indélébile, de son groupe familial. À partir de là, qu'est ce qui sera sollicité de son infantile ? Nos implications contre-transférentielles organisent le plus souvent et, parfois à notre insu, notre pratique. Cet éclairage nous permettrait, entre autre, de mieux comprendre le choix de la conduite en cothérapie ou en monothérapie, la prise en compte des implications contre-transférentielles de ce choix ne pouvant qu'aider à clarifier le débat (chapitre 13).

Il n'en reste pas moins que de se retrouver avec plusieurs enfants dans une pièce, avec le projet de partager une expérience commune qui se veut thérapeutique, n'est sans doute pas une aventure sans risques.

S'il est habituel d'évoquer, en début de groupe, les angoisses persécutrices et les fantasmes de morcellement qui assaillent les patients, ne faut-il pas les évoquer aussi en ce qui concerne le thérapeute ? En effet, en endossant, tour à tour ou simultanément, les différents transferts positifs ou négatifs, il est le siège de tous les malentendus. Ainsi, dans la mesure où il est impossible d'analyser les transferts individuels, il sera plus dynamique d'en analyser leur impact contre-transférentiel.

Le thérapeute est en fait le véritable lieu d'élaboration du processus thérapeutique groupal. Il est le lieu des transferts multiples. C'est lui qui ressent le conflit, lui seul qui est en situation de pouvoir le recentrer, par son travail de pensée et de verbalisation.

Pourtant, l'intensité de la mobilisation des affects est tellement importante et rapide que cela laisse peu de temps pour élaborer, les enfants ayant plus souvent tendance à agir leur transfert négatif qu'à parler, à moins que leur agressivité soit une manière, non seulement de manifester leur angoisse, mais aussi de se protéger de leur transfert amoureux. Toute cette excitation finit par être ressentie par le psychothérapeute comme une véritable atteinte de la faculté de pensée. Mais, en montrant son aptitude à survivre aux attaques et aux comportements répétitifs des enfants, en restant le garant du principe de réalité, il conservera, malgré tout, au groupe sa fonction de pare-excitations.

Comme la clinique nous le montre, ces facteurs peuvent être mis en lumière dans le fonctionnement du groupe qui agit alors en véritable analyseur pour le(s) thérapeute(s) mais aussi pour l'institution.

Nous évoquerons, pour exemple, deux situations extrêmes. Dans le premier cas, la crainte, suscitée par l'inconnu lié à l'accueil de pathologies nouvelles ou à la collaboration avec un nouveau cothérapeute (si ce n'est tout simplement le fait d'être confronté à son premier groupe thérapeutique), est colmatée, inconsciemment, par une pléthore de matériel sensée être contenante pour les enfants. Le plus souvent l'effet est inverse, l'abondance des jouets provoque inévitablement de l'excitation qui les détourne de l'utilisation symbolique escomptée ; la pâte à modeler, les marionnettes, les cubes ou même les crayons, servent de projectiles. Et, dans un cercle vicieux, ils accentuent encore les débordements. Nous imaginons les thérapeutes, pris à leur propre piège, laisser faire et craindre le pire : retenir, interdire, avoir une attitude surmoïque... mais alors, qu'en est-il de la fonction psychothérapique ?

Dans le second cas, au contraire, l'excès de confiance apparent, conduit les thérapeutes à proposer un dispositif, sans aucun matériel, ni tableau, ni papier, ni crayon. Ce dispositif de groupe, spécifique aux groupes de grands enfants à dominante névrotique ou aux groupes d'adolescents, ne convient pas à des enfants dont le niveau de langage et les capacités d'expression sont pauvres. Ces thérapeutes sont donc très vite confrontés, eux aussi, à la faible capacité contenante du dispositif et aux débordements qui, comme nous le verrons dans les chapitres suivants, sont aggravés, le plus souvent, par un recours excessif et inapproprié à l'interprétation de sens.

Sans aucun doute, dans les deux cas, le choix d'un dispositif inadéquat ne pouvait que compliquer la tâche, la qualité excitante du matériel comme son absence, venant renforcer l'excitation interne des enfants. Mais on peut penser qu'à un autre niveau, un travail en profondeur pourrait mettre en évidence, outre l'inquiétude exprimée dans l'écran de protection que constituent l'abondance du matériel ou l'attitude « pseudo-analytique » leur inaptitude à pallier le défaut de contenance du ou des thérapeutes.

En effet, comme dans les familles où le défaut de contenance peut renvoyer à des vœux inconscients de mort, les défaillances de la contenance ne poseraient-elles pas la question aux thérapeutes, non seulement de la haine inconsciente du groupe, mais aussi de l'attaque sadique des parties infantiles non intégrées ? Ceci nous renvoie à la nécessité d'une formation spécifique et à l'inévitable travail de réflexion sur nos contre-attitudes, dans le cadre d'une activité de supervision, ou de recherche en groupe.

Chapitre 5

UN PROCESSUS GROUPAL

L'énoncé de la consigne

En 1987, P. Privat et J.-B. Chapelier, publient un travail qui s'appuie sur une étude comparative, faite à partir des notes ou d'enregistrements vidéo de quatre groupes terminés, d'enfants à l'âge de la latence qui présentaient, soit des états d'inhibition intellectuelle, soit des troubles du comportement. Notre expérience s'est enrichie depuis, autant par la pratique personnelle que par l'écoute du matériel qui nous a été proposé en supervision dans le cadre de l'Institut de recherche et de formation pour l'approche psychanalytique des groupes et concernant aussi, dans les deux cas, des enfants plus jeunes ou plus âgés pouvant présenter des troubles plus importants de la personnalité.

Cette étude, faite sur des groupes fermés dont la durée n'est pas déterminée à l'avance, conduits en monothérapie, nous a permis de montrer l'existence d'une évolution groupale que nous avons retrouvée, dans ses grandes lignes, dans tous les groupes du même type où l'attention et les interventions du thérapeute se centrent préférentiellement sur le groupe, considéré comme une entité, et non, d'emblée, sur le fonctionnement d'un individu.

Par souci de clarté, nous ferons une description linéaire des différents mouvements. Bien entendu, dans le déroulement réel d'un groupe tout ceci est bien plus chaotique, surtout dans la période de constitution du groupe.

Le psychothérapeute qui a pris place parmi les enfants autour d'une table ou dans le cercle formé par les chaises, énonce d'abord les règles de permanence et d'assiduité. Il se définit ainsi comme fondateur du groupe, garant des limites temporelles et spatiales du cadre. Il invite ensuite à la discussion libre, en disant que chacun pourra s'exprimer comme il en a envie, lui même se désignant comme participant à l'échange : « Nous pourrons parler tous ensemble de tout ce qui nous intéresse, et nous essaierons aussi de comprendre ce qui se passe ici, entre nous. »

Dans ce type de groupe, c'est bien la parole qui est désignée comme le moyen privilégié de communication.

La période initiale

La mise en groupe, comme toute situation nouvelle, induit chez l'enfant une certaine excitation libidinale, et, de ce fait, suscite un mouvement régressif. Si l'individu peut se raccrocher à sa propre histoire, le groupe, lui, n'a ni histoire, ni limite corporelle. Chacun se sent donc, d'emblée, menacé, non seulement de débordement pulsionnel, mais aussi de la perte de son individualité. Le groupe est ainsi perçu comme inquiétant dans son organisation, dans son absence de limites. Il réveille la peur de l'inconnu et, projectivement, de l'inconnu qui est en soi.

En début de groupe, le psychothérapeute participe aux échanges en favorisant le plus possible les interrelations entre les enfants qui ont, dans un premier temps, plutôt tendance à s'adresser préférentiellement à lui. Dans ces premières séances, il va aider les enfants à transformer la crainte face à une situation nouvelle et à une remise en question, en plaisir de la découverte de cette expérience commune. Sans répondre aux sollicitations personnelles, il va orienter les enfants vers une tâche commune et susciter le travail associatif. Mais chacun aborde cette expérience avec une représentation personnelle du groupe, faite non seulement des éléments groupaux inconscients du psychisme, mais aussi de ses premières expériences de la vie en groupe, qu'elles soient familiales, scolaires ou autres. Il n'est pas très courant, en effet, que l'on propose à des enfants de s'exprimer en toute liberté en présence d'une grande personne, la référence groupale restant, le plus souvent pour eux, la classe où il leur est demandé d'écouter la parole du maître, à moins que ce soit une fratrie bruyante à laquelle on tente d'imposer le silence. Mais, comme dans chacune de ces expériences, l'organisateur a été nécessairement l'adulte, chacun pense que seul le groupe entier, bien cadré dans le temps et dans l'espace, pourra protéger des angoisses d'anéantissement, ainsi suscitées.

Les premières interventions sont des questions adressées au thérapeute et concernant le cadre. Des remarques sont faites sur la pièce, sa grandeur, sa solidité, ses imperfections. On s'interroge sur le nombre des participants, sur la durée des séances et du groupe, mais aussi sur l'environnement, le rôle de l'institution et des parents. Le thérapeute est investi en tant que bon objet, détenteur des qualités dont le moi de chacun se sent privé. Il peut aussi être investi par certains sur un mode contraphobique. Il s'amorce alors un transfert narcissique idéalisant, mobilisant les objets internes tout-puissants que sont les imagos parentales idéalisées. Ceci est d'autant plus net qu'en exposant le protocole, le thérapeute se désigne plus précisément comme support d'une imago phallique énonciatrice des limites et garant de la loi. Nous verrons dans le dernier chapitre que ceci est peut-être à nuancer si le thérapeute est un homme ou s'il est une femme, s'il est seul ou en couple.

Nous donnerons ici un exemple particulièrement illustratif de ce vécu positif des enfants et de leur relation au thérapeute, défensif par rapport aux angoisses suscitées par l'inconnu du groupe.

> Ainsi, au cours de la première séance d'un groupe d'enfants de huit à dix ans, la psychothérapeute les engage, après un court temps de silence, à essayer de comprendre ensemble ce qui se passe.
> Guillaume s'enhardit :
> « C'est drôle, c'est comme si on avait un peu peur. »
> Marie pense que c'est parce qu'on ne se connaît pas, puis se reprend et s'adressant à la thérapeute :
> « Non, ce n'est pas vrai, je vous connais, vous. »
> Elle fait, bien sûr, référence aux entretiens individuels qui ont précédé le début du groupe. Medhi remarque alors, que lui aussi la connaît et que quand on est deux, les idées viennent plus facilement. Les enfants ensuite se demandent leurs noms et leur âge. Mais pour Mickael, « ça ne change rien, on a toujours peur et on ne se connaît pas ».
> Les enfants, tentent alors de parler de ce qu'ils aiment, des loisirs où le sport fait l'unanimité, ce que souligne la thérapeute. Le silence revient assez vite.
> Renaud se demande alors :
> « Qu'est ce qu'on est venu faire ici ? »
> Guillaume explique :
> « On va parler de ses problèmes, pourquoi on en a, comment s'en débarrasser. »

> Cette intervention les laisse tous perplexes, certains font la moue à cette évocation. « — Ca ne plaît pas à tout le monde. », dit Marie. « — On laisse tomber ! », reprend Medhi.
>
> De nouveau, du silence. Renaud, au bout d'un moment, s'inquiète et, se référant au modèle connu de l'école, s'écrie :
>
> « On va avoir une colle si on n'y arrive pas ! Ma mère dit que je dois faire des progrès rapidement sinon ça ira mal ! »
>
> La thérapeute, souriante, remarque alors :
>
> « On pense qu'ici je pourrais punir comme une maîtresse ! »
>
> Marie pense qu'elle n'est pas là pour punir comme à l'école mais pour les aider et leur expliquer ce qu'ils doivent faire :
>
> « On ne va pas rester comme ça toute l'année, tout de même ! »

Deux thèmes parallèles apparaissent : d'abord, le groupe est dangereux et d'autre part, il faut se méfier des adultes, de la maîtresse, et des parents. Toutefois, lorsque la thérapeute tente d'endosser la responsabilité de ces craintes, les enfants refusent, il est là pour les protéger, les aider à affronter cette situation nouvelle. À cette étape du groupe, la relation au thérapeute ne peut être que positive, le groupe ne peut se structurer qu'autour d'un transfert positif, l'adulte dangereux est ailleurs. Cependant, plusieurs interventions traduisent la méfiance des enfants à son égard, soulignant ainsi leur ambivalence. Mais ce qui demeure au premier plan, pour l'instant, c'est la demande d'aide et de soutien, il est à l'origine du groupe, il en est le fondateur. Pour les enfants, les inquiétudes suscitées par la mise en groupe ne peuvent, en quelque sorte, être supportées que grâce à l'instauration d'un climat de confiance entre eux et l'adulte.

À ce stade, la communication est rarement latérale. Les enfants ont tendance à s'adresser au psychothérapeute, cherchant à l'intéresser, voire à le séduire. En voulant établir un contact privilégié avec lui, chacun tente d'exclure les autres, c'est-à-dire, de nier le groupe et ce qu'il représente de dangereux. Mais le fait de renvoyer au groupe sous forme de sollicitation, voire de questions, oriente les enfants vers une tâche commune et suscite le travail associatif, tout en atténuant les angoisses persécutives.

Cette absence de réponse individuelle est souvent ressentie comme frustrante par les enfants, le thérapeute ne répondant pas aux espérances mises en lui, puisqu'il semble refuser de partager avec chaque enfant le pouvoir dont il est investi, laissant entrevoir l'espoir qu'il pourrait, en revanche, le partager avec tous. Cependant, cette non réponse évite l'abord direct des conflits de l'enfant, lui épargnant une remise en question trop importante à un niveau individuel, et favorise, en conséquence, l'investissement groupal. Progressivement, va apparaître une tentative d'organisation qui serait, en quelque sorte, l'amorce d'une recherche d'identité commune.

Les angoisses, réveillées par cette approche, vont susciter d'emblée un système défensif qui participera à la constitution du groupe. En substituant à cette situation nouvelle les modèles connus jusque-là, les enfants vont essayer de se donner des repères, car chacun se sent plus ou moins menacé par l'étrangeté de ce contexte nouveau. Nos petits patients cherchent, peu à peu, à prendre en charge, eux-mêmes, l'organisation du groupe. Ils aménagent des jeux, des activités diverses, y compris scolaires. En fait, ils tentent de faire fonctionner le groupe sur un mode fraternel désexualisé. Dans de nombreux groupes, les enfants organisent des jeux dérivés de ceux qu'ils connaissent et pratiquent par ailleurs. Ces règles de fonctionnement ont pour but, disent-ils, de les aider à faire connaissance. Ils se protègent, de la sorte, de l'inconnu, par une référence à un connu qu'ils peuvent partager. C'est ainsi que dans le groupe dont nous venons de parler, à la suite de la séquence rapportée plus haut, les enfants ont organisé un jeu de pendu qu'ils ont ensuite repris pendant plusieurs séances en le complexifiant, en le jouant en anglais, par exemple et toujours en sollicitant l'autorisation de l'adulte ce qui ne sera plus le cas, bien au contraire, dans d'autres phases du groupe. Souvent, ces jeux prennent en compte, aussi bien le sentiment diffus d'indifférenciation, ressenti à ces moments-là, que la rivalité entre pairs, qui est dominante dans les groupes naturels. Chacun devra, à son tour, se montrer le plus fort, le plus malin, le plus érudit etc. Cependant, il n'y aura, dans ces débuts de groupe, quasiment jamais de recherche d'un *leadership*, ce rôle étant naturellement dévolu à l'adulte thérapeute, dont la fonction surmoïque ne peut encore être contestée : chacun a besoin de son soutien pour affronter le groupe.

Évidemment, cet adulte, inhabituellement non-directif, les déconcerte. Et cela suscite, en fait, beaucoup d'inquiétude, comme si progressivement les enfants réalisaient qu'il n'était pas possible d'organiser un groupe avec cet adulte. En effet, que va-t-il se passer si le thérapeute persiste dans cette attitude inhabituelle, ne donne aucun conseil, semblant s'intéresser quasi exclusivement au collectif ?

Les enfants veulent bien le suivre dans son intérêt pour le fonctionnement groupal, mais des inquiétudes s'expriment par rapport aux limites et aux risques de débordements, si on peut dire tout ce qui passe par la tête. Souvent, la crainte est alors de devenir fou et de tout casser, ce qui va amener à une vérification de la solidité du cadre physique : les enfants, par exemple, empilent les chaises les unes sur les autres et grimpent au sommet pour pouvoir aller toucher le plafond. Pour d'autres, cette manifestation de réassurance n'est pas indispensable, mais l'inquiétude est toujours exprimée même si elle est bien secondarisée, comme nous allons le voir dans cet extrait de séance :

> Après avoir dit qu'ils n'avaient plus d'idées, les enfants, chacun à leur tour, se mettent à raconter des rêves :
> Yvan : « Ça m'est arrivé dans la nuit, j'avais fait un cauchemar. Il y avait un copain qui dormait à côté de moi et j'ai cru qu'il m'attaquait, alors je lui ai sauté dessus. Le lendemain je me souvenais de rien ! »
> Tous continuent sur le même thème : l'absence de contrôle qui amène à des conduites bizarres et involontaires pendant le sommeil, mais aussi dans le groupe.

À ce stade, sans aucun doute, le psychothérapeute, comme le groupe, est le siège de mouvements transférentiels collectifs. Là, nous pouvons parler de résonance fantasmatique. Les mouvements de régression commune suscitent une excitation libidinale. L'adulte peut alors, dans ces moments, être ressenti comme celui qui va réveiller la fantasmatique sexuelle, allant à l'encontre des mécanismes de refoulement propres à la mise en latence.

Cette période n'est pas toujours facile à appréhender, car elle se déroule, souvent, dans un climat d'inquiétude et, parfois, de confusion. Sous cet apparent chaos, apparaissent des éléments qui se répètent, d'un groupe à l'autre : nous assistons peu à peu à la naissance d'une histoire. En effet, les défenses individuelles et collectives, qui se mettent en place devant ce conflit avec le surmoi de chacun, vont amener, tout naturellement, à se tourner vers le groupe. Et ce, même si les craintes d'indifférenciation persistent encore, conduisant, occasionnellement, à se raccrocher à l'extérieur et aux autres groupes connus, dans le domaine sportif ou scolaire, où chacun peut se différencier par ses capacités personnelles.

La réactivation œdipienne, ainsi provoquée par la présence de l'adulte, ne peut qu'être régressive à l'âge de la latence. Mais nous voyons qu'ici, cette problématique de la séduction, souvent à l'origine de défenses massives en psychothérapie individuelle, renforce l'investissement du groupe qui protège les enfants de tout éprouvé d'intrusion séductrice de la part de l'adulte et va dans le sens de la création d'un espace intermédiaire facilitant l'accès à la symbolisation.

Cet intérêt pour le fonctionnement collectif participe, à cette période de la vie de l'enfant, à la mise en place d'un surmoi sociétal. En effet, le groupe permet, dans une rencontre avec les pairs et aussi avec le thérapeute, une confrontation, en dehors de la famille, des différentes particularités constitutives du surmoi de chacun, héritées de cet environnement familial et de son fonctionnement. Dans cet espace transitionnel va se constituer, petit à petit, l'autonomie de chacun, nourrie de l'acceptation de la différence.

Le groupe prend progressivement forme et des thèmes en rapport avec son origine apparaissent parfois. C'est ainsi que l'on peut voir le dessin d'un père Noël portant des attributs féminins, le thérapeute qui est à l'origine du groupe étant fantasmé comme bisexué. Dans un groupe, son nom est féminisé, ou alors il devient un vampire, ou un fantôme au sexe indéterminé. Ce matériel concerne, nous semble-t-il, le fantasme commun d'une mère archaïque toute puissante, fondatrice du groupe, mais l'ambivalence à son égard est toujours de mise : elle protège, mais en même temps elle peut manger les idées comme le vampire, par exemple. À cette étape, l'ambivalence est aussi nette vis-à-vis du groupe. Il commence à être investi positivement, mais les craintes de fusion, de chaos, persistent et comme nous venons de le dire, il y a encore, occasionnellement, des tentatives de raccrochages à la réalité extérieure (groupes réels de la vie : école, sport, etc.). Malgré ces tentatives, le groupe se constitue et commence à vivre sa groupalité à son rythme personnel. La période initiale est terminée.

TENTATIVES DE PRISE DE DISTANCE PAR RAPPORT AUX OBJETS PERSÉCUTEURS

La régression en groupe, en mobilisant les différentes instances psychiques, va susciter de l'excitation, les émergences pulsionnelles se heurtant aux exigences surmoïques. Comme pour protéger le groupe, les enfants vont amorcer une tentative d'expulsion de ce qui est ressenti comme un obstacle à son bon fonctionnement. Il s'opère alors un mouvement de recherche, puis d'essai d'exclusion des « mauvais objets persécuteurs ». C'est une période difficile, le climat est lourd, les disputes fréquentes. Nous avons parfois l'impression que le groupe va éclater. Les thèmes de casse, de destruction de la pièce sont fréquents, mais ils sont à différencier des mouvements décrits précédemment, qui avaient pour but de mettre l'enveloppe à l'épreuve. Les projections du mauvais objet sur le matériel de la pièce sont de courte durée ; en revanche, émerge assez vite la tentative de le rechercher parmi les membres du groupe. Ce phénomène du bouc émissaire prend dans les groupes d'enfants un caractère particulier. Il s'accompagne d'une tentative d'exclusion qui peut s'exprimer dans des jeux, par exemple : chacun son tour, un des membres sort, les autres font mine de l'empêcher de rentrer.

Sur ces derniers, à tour de rôle, sont projetées les pulsions agressives et destructrices autour desquelles se structure alors, provisoirement, le fonctionnement groupal, car l'accès à une individuation sereine n'est pas chose facile ! Mais ce qui reste toujours en arrière-plan, c'est la préservation de l'unité groupale. Il devient alors nécessaire de projeter le mauvais objet destructeur au dehors, soit sur l'institution, soit sur un membre du personnel administratif ou le directeur. La famille devient, elle aussi, le siège des projections : Christophe explique ses difficultés scolaires par le climat familial violent et Éric par le divorce de ses parents ! Les frères et sœurs seront aussi désignés comme les gêneurs. Tous ces thèmes persécutifs renvoient à la séparation, à la perte d'amour mais aussi à la culpabilité. Celle-ci se trouve alors exacerbée par le fait que le thérapeute n'occupe pas la traditionnelle position surmoïque, prêtée à l'adulte. Ceci aboutit, le plus souvent à une période de grande agitation. Dans cet état d'extrême excitation, la faculté de penser est attaquée et, comme pour se protéger de toute fantasmatique sexuelle et préserver l'unité mise en danger par ces exclusions, il s'opère un véritable mouvement de projection des parties mauvaises sur le psychothérapeute.

Il n'est pas possible, pour les enfants, de l'intégrer à leur organisation groupale, il est alors mis à distance. On lui attribue, par exemple, un territoire particulier, en traçant sur le sol un grand cercle pour les enfants, un petit pour lui. Ailleurs, quand il veut parler, on ne l'écoute pas, on essaie même de l'empêcher d'intervenir. Les enfants fonctionnent alors en ayant l'air de ne pas le prendre en compte. Il a fonction de « bouc émissaire ». Il est le groupe en négatif. Pour se constituer sur un mode fraternel, le groupe des enfants a besoin de le mettre à part. Comme pour lui dire : « ici, c'est un groupe d'enfants, il n'y a pas de place pour un adulte ! » Ceci se manifeste jusque dans la crudité du langage des enfants, qui parlent comme si aucun adulte n'était présent dans la pièce et ne les écoutait pas. Il n'est pas question d'intervenir, de commenter ou encore moins de donner sens. Toute participation de sa part serait , à ce moment, non seulement intrusive mais presque incongrue, compte tenu de ce contexte particulier.

C'est un moment difficile pour lui, il se sent de plus en plus extérieur à ce qui se passe ; spectateur réduit au silence, tout au plus observateur des enfants. Mais il est cependant nécessaire qu'il se garde de toute contre-attitude qui tendrait à lui faire reprendre « le pouvoir ». En effet, cette situation risque de réactiver en lui son sentiment d'impuissance infantile et de susciter son désir d'omnipotence ou de réparation. Ce mouvement nous paraît particulièrement fécond dans les groupes à la latence : cette mise à distance évoque une reprise, au niveau collectif, du désinvestissement de l'adulte en tant qu'objet sexuel. Grâce à l'étayage apporté par le fonctionnement groupal, les enfants se protègent de lui et du risque de réactivation de la blessure œdipienne que susciterait un transfert érotique. Nous pouvons là, évoquer, par analogie, le meurtre symbolique du père qui permet au groupe de se structurer dans la fraternité. L'idéalisation du psychothérapeute a donc laissé progressivement la place à un transfert négatif plus objectalisé et, à l'inverse, le groupe, ressenti comme moins dangereux, est devenu le moyen pour les enfants de se protéger de l'adulte.

LE GROUPE COMME OBJET LIBIDINAL

Le calme est alors revenu et, tout en continuant à ignorer l'adulte, les enfants vont essayer de fonctionner sur un mode égalitaire. Les décisions sont prises en commun. Il est proposé de voter pour savoir quel sera le sujet de conversation, le jeu qui sera organisé ou dans quel ordre ils vont occuper le tableau. Il n'est pas question que le thérapeute participe à ces votes.

Les enfants vont, plus ou moins rapidement, éprouver cette mise à distance comme une menace : l'exclusion du psychothérapeute pourrait signifier la mort du groupe. En effet, sans lui, comment le groupe pourrait-il survivre ? Cela va susciter de la culpabilité mais aussi des fantasmes d'abandon difficiles à supporter et qui vont défensivement s'exprimer dans de l'excitation maniaque, façon de masquer la dépression et de lutter contre elle.

Assez vite, va donc se poser le problème de la réunification du groupe. Ceci va être facilité par le ressenti du thérapeute. C'est peut-être parce qu'il est mis en situation d'éprouver, à son tour, ce sentiment d'impuissance propre à l'enfant confronté à l'adulte, en acceptant de prendre sur lui la dépression des enfants, qu'il cesse progressivement d'être perçu comme dangereux. Il montre ainsi sa compréhension du monde de l'enfance. Sa fonction surmoïque d'adulte étant comme mise entre parenthèses, la possibilité d'un rapprochement devient envisageable. Les enfants, très familiers, viennent vers lui comme pour l'inviter à s'intégrer au fonctionnement groupal, ce qui sera facilité par l'interprétation donnée de ces mouvements.

Nous voyons ici l'importance, pour le psychothérapeute, de l'élaboration de son contre-transfert. Sa capacité à s'identifier aux enfants est ainsi particulièrement interpellée. C'est là que nous pouvons parler d'une véritable rencontre identificatoire. Ce mouvement sollicite, pensons-nous, chez les enfants, un transfert apparemment désexualisé du fait de ses composantes narcissiques que nous pourrons désigner comme un transfert fraternel, sans en ignorer, toutefois, ses soubassements homosexuels.

Il est bien évident qu'à ce moment, le risque serait, de la part de l'adulte, qu'il adopte une attitude ludique, régressive ; qu'il « fasse l'enfant » comme pour hâter son intégration. Il est important ici, plus qu'ailleurs, qu'il sache rester le garant du cadre thérapeutique et qu'il se maintienne à cette place, bien particulière, qui consiste à être tout à la fois dans le groupe et hors du groupe, comme celui qui peut donner sens.

Ceci est d'autant plus important que nous voyons, pour célébrer l'unité enfin trouvée, se développer un moment de jubilation élationnelle que nous apparentons à ce que D. Anzieu (1971) a nommé « l'illusion groupale ». Nous pouvons considérer cet état comme un moyen de lutte collective contre les fantasmes de casse et d'anéantissement du groupe et donc contre la dépression, et peut-être comme l'expression d'un véritable fantasme de retour au ventre maternel. Il permet, par ailleurs, l'investissement du groupe en tant qu'objet porteur de gratifications narcissiques, détenteur de la toute-puissance enfin retrouvée. Cette fois, nous pouvons parler de transfert sur le groupe, fantasmé comme une mère généreuse omnipotente, qui va donner à tous de façon égale. Les thèmes qui sont abordés mettent en évidence que les fantasmes d'indifférenciation, niant, à la fois la différence des générations et la différence des sexes, sont prévalants. Cette situation est ressentie comme idéale car aconflictuelle, et tout danger semble bien écarté. Le groupe tout entier participe et communique dans une ambiance jubilatoire de fête. Cette phase est essentielle car elle va donner au psychothérapeute, grâce au travail interprétatif, l'occasion de favoriser l'élaboration de cette fantasmatique. L'interprétation de ce mouvement défensif va permettre un remaniement des relations adulte/enfants ; après cette rencontre les choses ne seront plus comme avant.

L'ALLIANCE THÉRAPEUTIQUE

Nous distinguons, avec S. Freud, deux versants transférentiels, le premier étant constitué d'éléments érotiques refoulés, le second apparenté au « courant tendre » postœdipien. Ce dernier est de nature narcissique, il résulte d'un travail de désexualisation qui engendre la sympathie, la confiance, toutes choses sur quoi se soutiennent la relation thérapeutique et, plus précisément, l'alliance thérapeutique. Dans un premier temps c'est le groupe qui devient le siège des gratifications narcissiques mais, dans un deuxième temps, le thérapeute, lorsqu'il reprendra sa place en tant qu'adulte reconnu, comme purifié par ce bain de désexualisation, sera porteur, à son tour, de gratifications narcissiques. Il pourra, alors, sans danger pour eux, apporter son aide aux enfants. Avant d'en arriver là, il faudra que le groupe sorte de ce moment d'illusion. C'est ce que D. Anzieu (1971) a appelé l'étape de la désillusion. Elle va amener les enfants à renoncer à leur toute-puissance mais elle n'effacera pas l'empreinte d'une expérience qui leur a fourni le moyen de maîtriser les angoisses archaïques de morcellement. Ce fantasme restera dans le groupe comme un point de ralliement dans les périodes difficiles, où il sera confronté à de nouveaux risques d'éclatement, tel que le départ prématuré d'un de ses membres.

L'exemple clinique suivant illustre le passage, pour le thérapeute, par ces positions successives qui lui permettent d'être reconnu, en fin de compte, dans sa fonction paternelle différenciatrice et thérapeutique. Bien entendu, ces différents mouvements se déroulent habituellement d'une manière moins linéaire et sur une plus longue durée.

> Depuis des semaines, les enfants ont adopté un mode de fonctionnement particulier. Les garçons sont d'un côté, les filles de l'autre. D'une part, les garçons s'agitent, organisent des compétitions et occupent l'espace, d'autre part, les filles se parlent à voix basse, assises contre un mur. Les séances ressemblent plus à une cour de récréation qu'à un groupe thérapeutique. Le thérapeute se trouve en retrait, se limitant à un rôle d'observateur attentif, mais non impliqué dans le fonctionnement groupal. Malgré ce déroulement particulier, les séances sont investies très positivement. Les enfants ne manquent pratiquement pas. Les parents, de leur côté, se montrent satisfaits de l'évolution de leurs enfants. Pour le thérapeute, la situation semble bloquée. La seule façon de ré enclencher un mouvement dynamique, lui semble-t-il, est de pouvoir rentrer dans le groupe. En demeurant en retrait, en se cantonnant dans ce rôle de spectateur vigilant, ses interventions viennent du dehors et ne sont perçues que comme séductrices ou persécutrices et bloquent la dynamique du groupe.

> L'occasion se présente, enfin, quand les enfants sollicitent l'enfant qui est en lui, en lui proposant de participer au jeu de l'alphabet. Assis en rond, chacun doit citer une lettre. Une place lui est faite dans le cercle et, cette fois, il « joue le jeu » et s'autorise un mouvement régressif. Le jeu verbal s'interrompt rapidement, et les garçons en viennent à se porter sur les épaules et se laissent tomber sur ses genoux. Tous rient beaucoup. À la fin de la séance, ils affichent, à son égard, une grande familiarité, le tutoient, lui tapent sur le ventre, lui tordent les doigts en le saluant. Cette fois, il n'y a plus de distance. Il a alors l'impression de perdre son statut d'adulte. Un instant, il craint d'être débordé par le groupe, mais, tout compte fait, la situation n'est pas désagréable. L'enfant qui est en lui s'y retrouve. Mais surtout, quelque chose a bougé : les échanges sont redevenus possibles entre lui et les enfants et, à la séance suivante, filles et garçons communiquent et parlent dans la plus parfaite indifférenciation. Le thérapeute est alors à nouveau sollicité, mais l'excitation gagnant de plus en plus, il leur propose, sur un mode ludique, de réfléchir à une idée qu'il vient d'avoir.
>
> Contrairement à ce qui se passait jusqu'ici dans ce groupe, les enfants, très intéressés, viennent s'asseoir autour de lui. Il leur propose alors, comme s'il allait partager un secret avec eux, que l'idée, de faire de l'adulte un copain, est le moyen d'imaginer que tout le monde a le même âge, et qu'il n'y a donc aucune différence entre enfants et adulte. Les enfants protestent en affirmant qu'ils savent bien qu'il y a une différence. Le thérapeute acquiesce, mais il suggère que parfois on sait, mais qu'on peut faire comme si on ne savait pas. Ce serait là un moyen pour chasser les idées désagréables et difficilement supportables, comme celle d'être plus petit et plus faible qu'un adulte, ou bien de ne pouvoir se marier et avoir des enfants car on est trop jeune. C'est aussi pour cela qu'on aimerait parfois penser que filles et garçons, c'est la même chose. Cette fois, chacun se sent concerné, la discussion s'instaure à un autre niveau, plusieurs enfants vont évoquer leurs parents, et en particulier leur père, ses capacités, et les prouesses dont il est capable. Le travail associatif est relancé. Cette incursion de l'adulte dans le monde des enfants leur a permis de vivre un moment privilégié, une rencontre identificatoire et a rendu au thérapeute sa crédibilité. La distance que le thérapeute doit prendre n'est, toutefois, pas simple à trouver et il n'y a, dans ce domaine, pas de règles précises. Il doit à la fois aider à la restauration de l'estime de soi de l'enfant, grâce au jeu des identifications, et garder une fonction surmoïque structurante en étant garant du principe de réalité.

Nous pensons qu'il est essentiel, comme nous venons de le voir dans cet exemple, de pointer aux enfants, que ce temps d'illusion collective a bien pour but d'annuler la différence des générations et, par-là, de nier leur impuissance infantile. Ce type d'approche conduit ainsi à l'élaboration collective de l'angoisse de castration. La sexualité est abordée sur un autre mode, comme si le renoncement à la toute puissance infantile rendait acceptable la puissance du thérapeute. Il devient accessible en tant qu'adulte.

Au cours d'un échange sur les relations avec les filles, Boris remarque qu'ils sont trop jeunes pour parler mariage, et Damien surenchérit, en notant que leur zizi est trop petit et qu'il faudra attendre dix-huit ans pour en reparler !

Ainsi, par le biais du travail interprétatif, et par un mouvement de désexualisation du surmoi, le psychothérapeute retrouve sa place, il cesse d'être perçu comme dangereux et peut être reconnu comme bienveillant et protecteur. Le groupe, de son côté, en tant que bon objet contenant, devient, lui aussi, le lieu d'une aide possible. L'illusion groupale a bien été employée comme une protection contre l'angoisse de castration. La réintroduction des différences et leur acceptation privent les enfants d'un moyen de défense, mais l'aventure vécue dans le groupe a renforcé leur moi et chacun peut supporter maintenant la réactivation de la blessure narcissique œdipienne.

L'INDIVIDU, LE GROUPE ET LE PSYCHOTHÉRAPEUTE

Nous voyons, ainsi, que chacun des fantasmes originaires est abordé, pour s'ouvrir sur les autres fantasmes participant à l'organisation œdipienne. Par ce cheminement, on passe du conflit interpersonnel à l'approche du conflit intrapsychique.

Comme le thérapeute, le groupe, sur lequel nous avons travaillé en tant qu'entité spécifique en nous centrant, comme nous l'avons vu, sur sa fonction contenante, est aussi support de déplacements des problématiques œdipiennes et préœdipiennes ; il pourra ainsi devenir le lieu d'un travail plus individualisé. Au travers des mouvements transférentiels de chacun sur le groupe s'est construite une histoire commune (un mythe). En se rapportant à cette histoire et en prenant, alors, en compte, les différents transferts sur le thérapeute, sur le groupe, sur les autres participants comme sur l'extérieur, les remémorations, les réactualisations du passé, peuvent maintenant être interprétées. Le sentiment d'appartenance au groupe et une meilleure conscience de l'individualité de chacun vont favoriser la mise en évidence des interactions entre la problématique groupale et les problématiques personnelles. Après avoir dépassé l'illusion groupale, nous passons à une autre étape, celle où l'individuation donne aux enfants la possibilité d'utiliser la fonction soignante de l'adulte en relation avec leurs propres difficultés. D'autre part, le groupe peut, à partir de là, agir en cothérapeute pour chacun de ses membres, en effectuant à son égard un travail thérapeutique collectif d'interprétation.

Voici, pour exemple, le résumé d'une séance d'un groupe qui fonctionne depuis trois ans. Il reste quatre garçons de dix à onze ans (deux ont quitté le groupe il y a un an, les familles ayant déménagé). C'est une séance de reprise, après les vacances de printemps.

> Depuis quelque temps, les enfants commencent à évoquer leurs problèmes personnels. Roland parle, avec difficultés, de son abandon par sa mère, de son attachement pour sa nourrice et de sa crainte qu'on l'enlève de chez elle. Damien remarque que cela pourrait arriver à tout le monde, d'être abandonné.
>
> Les enfants restent un instant songeurs, en silence, ce fantasme les touchant tous... d'autant plus qu'il est question, depuis quelque temps, de la séparation des vacances et, peut-être, de l'arrêt du groupe.
>
> Ensuite chacun intervient sur ce thème de la séparation et on se demande comment aider Roland.
>
> Il est précisé que même si les « petits » pensent que cela n'arrive jamais, il faut bien quitter sa mère un jour.
>
> La discussion tourne autour du mariage, puis de l'âge des parents, de leur vieillissement. L'angoisse monte. Damien propose alors que l'on organise un jeu, ça serait peut-être plus facile.
>
> Roland suggère de jouer une histoire de loup. Les enfants construisent un scénario et, après avoir proposé une maman qui abandonne son enfant, comme le suggère Damien (qui est énurétique) parce qu'il « pisse » au lit, c'est finalement, à la demande de Roland, la version du père qui abandonne et de la louve qui adopte qui est choisie. De cette manière, l'image maternelle est restaurée par Roland
>
> Nous pouvons repérer ici l'expression d'un mouvement transférentiel, puisqu'il est bien question de se séparer du psychothérapeute.
>
> Les enfants se distribuent les rôles : Damien sera le bébé énurétique, Roland la louve, Boris le père, Jean-François la mère. Le thérapeute n'est pas sollicité pour jouer, mais il participe à la mise en place de la séquence.
>
> Roland va jouer une louve très maternante, chaleureuse. Lui, qui avait tant de mal à parler, s'exprimant surtout par des taquineries et des comportements agressifs, est, là, particulièrement émouvant. Avec tendresse, il s'approche de Damien. Celui-ci, inquiet devant l'intensité de ce moment, va se défendre sur un mode ludique, il fait le loup.
>
> Le thérapeute leur propose, alors, de parler de ce qui vient de se passer. Ils s'assoient autour de lui et racontent des histoires d'enfants adoptés par des animaux, insistant ainsi sur l'aspect défensif du jeu collectif. Il leur souligne aussi, le lien probable entre la crainte de l'abandon, les vacances, la séparation, mais aussi la crainte de devenir grands, de devoir quitter le groupe, le thérapeute et plus tard leurs parents.

> Boris dit, alors, que si Damien pisse au lit, c'est sûrement pour ne pas quitter sa maman, et Jean-François rajoute : « Ou pour que le groupe ne s'arrête pas. »...

Cette séquence a donc donné aux enfants, dans la médiation proposée par la figuration du jeu, une possibilité de représenter et symboliser leurs angoisses d'abandon. Le jeu, en favorisant une certaine spontanéité, va amener les petits patients à une expression affectivement supportable de leur vécu de l'expérience groupale en cours. La prise de conscience de cette possibilité aidera, ensuite, à l'émergence de la capacité de transformer un ressenti en pensées et en paroles, et non plus seulement en actes.

D'autre part, cette prise de distance dans la symbolisation permet, en tempérant les affects, une ouverture sur la problématique de chacun puisque la réalité difficile pour un enfant, mais partagée fantasmatiquement par tous, est en résonance avec la thématique groupale. À partir de là, il sera plus facile à chacun de reconnaître ses propres difficultés devant les autres et devant le thérapeute.

Cet exemple nous montre bien la capacité qu'acquièrent les enfants, de s'impliquer personnellement, d'une manière spontanée, sans avoir à se défendre, ni du psychothérapeute, ni du groupe des pairs. Il est devenu un véritable espace thérapeutique où chacun va pouvoir, non seulement bénéficier de l'adulte reconnu dans sa fonction soignante, mais aussi prendre conscience de la part active qu'il peut jouer dans la fonction thérapeutique du groupe. Le groupe remplit, à la fois, sa fonction d'étayage narcissique, et son rôle d'agent thérapeutique. En d'autres termes, comme nous l'avons vu, pour le psychothérapeute, il fonctionne comme un véritable cothérapeute.

Ceci n'est cependant possible, qu'après le travail préalable d'élaboration de la dynamique groupale. Dans certains groupes d'enfants ou d'adolescents, comme cela se produit assez communément dans les groupes d'adultes, il peut arriver que le système défensif mis en place contre l'angoisse provoquée par la situation, consiste d'emblée à aborder sa problématique personnelle. Généralement, les participants à ces groupes ont un bon niveau de verbalisation et essaient ainsi, défensivement, de séduire l'adulte, dans un contre-investissement du langage et de leurs symptômes. Il importe alors, que le thérapeute ne se laisse pas entraîner dans une fascination individuelle qui serait préjudiciable à un fonctionnement collectif et, surtout, puisse, en ramenant au groupe, permettre aux enfants de vivre les différentes étapes de cette rencontre avec l'adulte et le groupe. Il leur donnera, ainsi, la possibilité, en fin de compte, de les investir, respectivement, l'un dans sa fonction soignante et l'autre comme un espace thérapeutique. Le dispositif groupal ne peut amener les enfants à un travail d'élaboration de leurs difficultés que s'il leur procure une sécurité suffisante permettant une remise en question, devant l'adulte, qui ne soit pas vécue comme dangereuse.

D'autre part, le dégagement de l'histoire individuelle remet en route le processus groupal et l'histoire du groupe qui se construit permet d'élaborer, de prendre de la distance, de penser l'histoire individuelle. Celle-ci peut alors être entendue, comme une individualisation de l'histoire du groupe, comme nous allons le montrer dans le chapitre 10.

Chapitre 6

LES MODES D'INTERVENTIONS

La présence de l'adulte

Comme nous venons de le voir, le travail thérapeutique en groupe d'enfants ne réside pas seulement, comme semblent le penser certains auteurs nord-américains tels S. R. Slavson (1953, 1973) et M. Schiffer (1987), dans les réaménagements des identifications et des interactions entre les enfants, en travaillant sur la rivalité, l'agressivité, et les frustrations, sans tenir compte des rapports à l'adulte. Pour nous, au contraire, se pose d'emblée la question de la différence des générations, car une caractéristique essentielle des groupes d'enfants est bien d'être constitués par un rassemblement dissymétrique d'adulte(s) et d'enfants. Cela différencie radicalement les groupes thérapeutiques d'enfants des groupes thérapeutiques d'adultes, et implique une réflexion et une approche méthodologique spécifique, tenant compte de cette présence de l'adulte, vécue diversement selon les âges.

En effet, nous avons pu constater, en observant les garderies ou les jardins d'enfants, que le fonctionnement en groupe, pour le jeune enfant, ne peut s'organiser qu'avec la participation organisatrice d'un adulte, permettant aux liens de se dégager de leur composante agressive.

À l'âge de la latence, le groupe s'organise spontanément autour d'une activité de jeu ou de sport sans que la présence de l'adulte soit indispensable, autrement que dans une référence sociale ou de règles. Plus tard, à l'adolescence, le groupe se constitue, le plus souvent, contre l'adulte, dans un souci de reconnaissance mutuelle et de recherche identitaire.

En effet, si l'enfant éprouve de la rivalité à l'égard de ses frères et sœurs ou de ses compagnons de jeu, il est, vis-à-vis de ses parents et de l'adulte, en général, dans un tout autre rapport. Il leur demande une reconnaissance à travers leur regard et leur parole et il tend plutôt à les imiter qu'à les affronter. En revanche, l'adolescent peut souffrir d'une supériorité hiérarchique de l'adulte dont il ne perçoit plus la justification et qui l'amène à le contester.

Ceci pose le problème de la nécessaire souplesse du thérapeute de groupe d'enfants, car il ne peut, en ce domaine, y avoir de règles précises. Les sollicitations transférentielles sont d'une telle importance qu'il est primordial qu'il découvre, lui-même, la distance qui lui convient, pour pouvoir se prêter à la fonction d'objet narcissique et, ainsi, autoriser un contact identificatoire qui permettra d'instaurer une aire d'illusion où va s'épanouir le narcissisme de l'enfant. Pour ce faire, nous travaillons, en premier lieu, à la mise en place d'un contenant groupal. En effet, nous pensons que toute intervention qui privilégierait l'individu risquerait d'aller à l'encontre de la mise en place des fonctions limitantes et contenantes du cadre-dispositif, et serait ressentie comme plus menaçante qu'aidante, devenant source d'excitation. L'espace thérapeutique groupal en constitution n'est pas encore en état de supporter des interventions qui renforceraient les différences et, par là même, les sources de conflits. En revanche, l'intervention groupale a un rôle pare-excitant. Elle est un élément essentiel de la constitution du cadre groupal.

Les interventions, exclusivement dans l'ici et maintenant, viseront à faire des liens entre les différentes activités, ou les différents propos, mettant en évidence le « tout pareil » et « tous ensemble ». Le psychothérapeute montre, ainsi, aux enfants, qu'il n'a pas un intérêt particulier pour l'un d'entre eux, mais qu'il est intéressé par ce qu'ils vivent tous ensemble. Pour nous, ce qui est de l'ordre d'une interprétation groupale et qui donne sens au fonctionnement collectif, doit prendre, cependant, en compte, le fait que l'on s'adresse à des individus réunis et non à une abstraction appelée groupe. De ce fait, nous n'employons pas le substantif « groupe », mais des termes plus globalisants, tels que « tous ensemble » et « nous ». Quand domine l'indifférenciation, nous préférons utiliser le pronom indéfini « on ».

Nous illustrerons cela dans cet exemple d'une première séance d'un groupe réunissant huit enfants, six garçons, deux filles, entre neuf et onze ans :

> La séance va être constituée de longs silences émaillés de quelques brèves remarques, au cours desquelles, chacun des participants va, tour à tour, proposer un thème de discussion, qui ne suscitera pas d'écho, que ce soit parler de ce qu'on a fait dans la journée, des dernières vacances ou bien des difficultés de chacun. Cette dernière proposition sera suivie d'un silence plus long et plus lourd.
> Lionel : « On a peur de se parler, parce qu'on est timide. »
> Corinne : « C'est normal, puisqu'on ne se connaît pas. »
> Thomas : « Il faudrait peut-être se présenter. »
> Le silence sera encore plus long jusqu'à ce que Charles propose de parler des frères et des sœurs qui les embêtent, cette fois. Tous semblent intéressés, mais les échanges se tarissent rapidement.
> Une dernière tentative de Lionel qui, en fin de compte, pense qu'on pourrait plutôt parler des parents, reste sans effets.
> Le thérapeute finit par remarquer que, tout compte fait, ce qu'on est arrivé à faire aujourd'hui ensemble c'est de partager le silence.

Il a, ainsi, délibérément exclu l'interprétation qui aurait pointé l'aspect défensif du silence par rapport aux éléments conflictuels sous-jacents, liés à la rivalité suscitée par la pluralité, et choisi, dans ce premier temps du groupe, de favoriser plutôt, par son intervention, la prise de conscience d'un sentiment d'appartenance. Cette attitude a pour effet d'atténuer, de mettre à distance, ce qui serait de l'ordre d'un transfert érotique. Il fait confiance au groupe, préfère aider les enfants à l'investir comme un espace dont on peut attendre aide et soutien. En d'autres termes, il l'investit, lui-même, comme un véritable cothérapeute. Tout en évitant de pointer et de commenter systématiquement les inquiétudes liées à la mise en groupe, il ne les ignore pas, du fait de son attitude d'écoute bienveillante. Il prend bien en compte ces angoisses, pour en permettre progressivement l'élaboration. Le simple fait de commenter ces craintes, risquerait, comme nous le verrons plus loin, d'en confirmer, au contraire, la dangerosité.

Avec un groupe thérapeutique d'enfants, il est essentiel, tout en privilégiant le fonctionnement collectif, de donner à chacun la possibilité de penser qu'il occupe une place particulière, surtout dans les premières séances, mais sans pour autant mettre au premier plan les problématiques individuelles. Des interventions trop personnalisées risqueraient d'exacerber les rivalités et de faire vivre aux enfants des sentiments d'exclusion peu propices au développement de ce sentiment d'appartenance, sur lequel va s'étayer le travail thérapeutique.

L'exemple clinique suivant permet, ainsi, de relativiser l'objection qui consiste à dire que ce mode d'intervention groupale risquerait de se faire au détriment de l'individu, qui se sentirait écrasé par le poids du « tout pareil ». En effet, ici, le mouvement individuel est pris en compte, mais inscrit dans la problématique groupale du moment.

> Nous sommes à la 35e séance d'un groupe d'enfants de neuf-dix ans, séance de retour après deux mois de séparation. Les enfants sont heureux de se retrouver, évoquent leurs vacances sans regrets, le thérapeute a l'impression qu'ils ont envie de reprendre le travail en commun.
>
> Pourtant, Éric s'agite sur sa chaise, provoque ses voisins, il n'est pas dans l'ambiance, il dérange et, comme c'est souvent le cas, se fait rejeter, se mettant en position de bouc émissaire (c'est une des raisons pour lesquelles il a été adressé au centre). Le thérapeute le ressent, lui aussi, comme un trouble-fête, percevant bien le contenu agressif de ces manifestations qui, sans aucun doute, lui sont adressées. Ceci l'amène à donner l'interprétation suivante :
>
> « Nous sommes tous contents de nous retrouver, mais Éric nous montre qu'au fond de chacun de nous, il y a aussi la colère d'avoir été séparés pendant deux mois... »
>
> Éric devient ainsi, le porte-parole d'un sentiment que, tout compte fait, chacun reconnaît comme sien. Ce mouvement vient renforcer son sentiment d'appartenance au groupe. Ce type d'intervention, non seulement ne lamine pas le sujet mais, au contraire, lui donne la fonction de porte parole de l'ensemble du groupe et par-là même, renforce son sentiment d'identité.

Nous pensons que ce qui semble opérant, a été de se garder d'une intervention qui impliquerait trop directement le thérapeute et l'enfant, ce qui aurait mobilisé des mouvements transférentiels difficiles à gérer en situation groupale.

Cependant, nous n'ignorons pas les mouvements groupaux vis-à-vis du ou des thérapeutes qui sont de nature transférentielle. Mais comment ne pas les interpréter directement ? C'est ce que nous allons voir dans les deux exemples suivants.

GROUPE D'ENFANTS NÉVROSÉS

> Ce groupe est composé de sept enfants de huit à neuf ans. Chez eux l'appréhension de l'inconnu se manifeste par la peur de la régression et

la crainte de l'envahissement pulsionnel, avec le risque d'effondrement des défenses et la perte des acquis si difficilement mis en place grâce à des contre investissements souvent peu opérants. Parmi ceux-ci, le désir de séduire l'adulte est au premier plan. Cependant, l'attitude inhabituelle de ce dernier, qui ne renvoie pas aux comportements familiers, renforce non seulement la peur de le décevoir mais aussi les interrogations quant à ses attentes et au fonctionnement du groupe. C'est ce que nous voyons au cours de cette vignette clinique

Nous sommes à la troisième séance. Jusque-là, les enfants sont assez silencieux, le psychothérapeute les engage à essayer de comprendre, ensemble, ce qui se passe.

Après un long silence, un des enfants parle des vacances ; l'échange s'oriente, alors, sur les voyages à l'étranger et la difficulté de communiquer avec des gens qui ne parlent pas la même langue. Il leur est fait la remarque que c'est peut-être comme ici. Ivan, faisant référence aux entretiens individuels qui ont précédé le début du groupe, pense qu'il est plus facile de parler quand on est deux : les idées viennent plus facilement. Nathalie, de son côté, note que ce n'est pas facile avec les grandes personnes. Son institutrice demande un travail en groupe, mais la punit parce qu'elle parle avec sa voisine.

Ivan, après un autre silence plus court : « Je pense qu'on se parle plus facilement quand on se connaît bien ! »

Le thérapeute : « Et pour se connaître ? »

Christelle : « Il faut se parler. »

Henri, s'adressant à l'adulte : « Vous avez dit qu'entre nous on peut se dire des secrets mais, parmi nous, quelqu'un peut en parler à ses parents et ceux-ci peuvent alors en parler à leurs amis... »

Le thérapeute : « Pouvons-nous avoir confiance ici ? »

Nouveau silence.

Nathalie : « Pour me retrouver avec mes voisines, on a fait un trou dans le grillage ; mon père m'a punie, en me disant que ça m'apprendrait à réfléchir avant de faire des bêtises. »

Tous restent perplexes.

Le thérapeute tente une remarque : « Ici, on pourrait avoir peur de dire des bêtises et craindre que je me fâche comme un papa sévère. »

Ivan : « Je ne pense pas que vous soyez méchant. Je vous fais confiance. Mais il y a des gens dont je me méfie. À l'école, je faisais confiance et je me suis fait attaquer, heureusement que mon père m'a appris à me défendre. »

Un peu plus tard il est émis l'idée que, quand les enfants se connaîtront mieux, il pourrait y avoir, non seulement des disputes mais aussi de la bagarre.

Le thérapeute suggère alors que c'est peut-être des idées pareilles qui empêchent de se parler librement.

Ivan s'écrie : « Je pense que vous n'encouragerez pas la bagarre, que vous êtes plutôt là pour essayer de rassembler les morceaux, pour faire que

> le groupe s'entende bien, parce que s'il y a de la bagarre toutes les cinq minutes, c'est pas la peine qu'il y ait un groupe ! »

Nous voyons, au travers de cette courte séquence, que l'adulte peut être, d'emblée, investi dans sa fonction limitante et protectrice. Il doit, donc, être suffisamment fort pour protéger des effets de l'agressivité qui empêcheraient le groupe de fonctionner. Il est fait référence, ici, aux craintes de débordement pulsionnel et au trop plein d'excitation lié à la rivalité.

Quoi qu'il en soit, ces enfants ont un bon niveau de langage. Ils peuvent s'interroger sur la situation, partager leurs idées et livrer leurs fantasmes. Ce travail de symbolisation dans la mise en mots, permet l'élaboration et évite d'emblée la mise en acte. Cette tonalité particulière est, bien sûr, liée au fait que dans ce groupe de petits patients, la problématique névrotique reste dominante. Nous avons l'impression que ces enfants ont déjà pu intérioriser de manière stable des fonctions parentales suffisamment différenciées qui leur assurent un cadre interne fiable qui ne donne pas prise aux éléments persécutifs. Ceci leur permet d'intégrer, presque naturellement, comme le ferait un groupe d'adultes, la fonction contenante du cadre.

Les enfants sont amenés à préciser qu'à cette étape de début de groupe, ils ont besoin d'un adulte suffisamment rassurant et protecteur pour affronter la situation groupale. Ce qui est interpellé, c'est bien la fonction limitante du thérapeute. Il est important qu'il prenne en compte ce besoin des enfants, qui va permettre au groupe de s'organiser en sa présence.

Groupe de jeunes enfants, présentant d'importants troubles du comportement

Lorsque les patients présentent des pathologies plus graves, où dominent les problématiques narcissiques, le rapport à l'adulte est caractérisé par le désir de le posséder sur le mode de l'emprise, en excluant tout partage, sinon, dans la destructivité. Quand les problématiques narcissiques sont dominantes avec leurs modes de défenses archaïques, tels que l'identification projective, le clivage et le déni, le rapport à l'adulte a toutes les chances d'être vécu sur le mode de l'emprise ou de l'intrusion.

Nous savons, d'autre part, que pour ces pathologies, le cadre se tisse conjointement à l'élaboration du processus thérapeutique. Il sera, donc, indispensable de commencer par un travail sur la mise en place de la fonction contenante du cadre, car, de toute façon, la violence de la mise en groupe entraînera en retour une violence exprimée dans l'agir et l'excitation. Le dispositif groupal, comme nous le verrons au chapitre suivant, devra, lui-même, bien sûr, faire office de contenant., en étant approprié aux âges et aux pathologies.

> Pour illustrer notre propos, faisons référence à un groupe de cinq enfants, de cinq à six ans, qui fonctionne depuis deux mois environ. Les problématiques y sont assez hétérogènes, les troubles du comportement y sont cependant dominants, allant de l'inhibition phobique, avec mutisme, à l'instabilité destructrice.
>
> En début de séance, les enfants sont assis autour de la table, ils dessinent et jouent avec de la pâte à modeler, cela dure quelques minutes. Le thérapeute est très attentif à leurs réalisations, d'autant plus qu'habituellement ils lui demandent de l'aide. Ce jour-là, rien ne peut se construire. D'emblée, Clément veut prendre toute la pâte à modeler pour lui. Solesne se met à geindre, quant à Sonia, elle s'acharne sur la grande feuille qui, avec l'aide de Clément, est déchirée en morceaux. Les bouts de papier et de pâte à modeler volent, des coups sollicitent les plus inhibés...
>
> Surpris par la rapidité du mouvement dont il ne saisit pas tout de suite la signification, le thérapeute reste un instant interdit, puis il réalise que c'est la séance de rentrée, après deux séances supprimées, à cause de jours fériés. Il évoque, alors, la difficulté qu'il y a à se retrouver tous ensemble... En fait, ses paroles ont pour seul effet de susciter des hurlements : « Tais-toi ! tais-toi ! » Il essaie encore de prendre la parole mais, à peine ouvre-t-il la bouche, que les hurlements deviennent rageurs, les boules de pâte à modeler frôlent son visage... Intérieurement, il se révolte, se sent désemparé, un peu perdu. Il a tout d'abord du mal à penser, puis, il lui vient à l'esprit que peut-être les enfants lui font éprouver ce qu'eux mêmes ont ressenti pendant cette longue interruption. Mais comment trouver les mots justes ?... Tout à ses réflexions et sans un mot, il se lève et commence à ramasser les bouts de papier et les restes de pâte à modeler. Cela prend du temps. Il le fait très minutieusement, venant reposer les morceaux au milieu de la table, et il a la surprise, au bout d'un moment, de retrouver les cinq enfants en train de jouer à rassembler les petits bouts de pâte à modeler ou à dessiner sur les petits fragments de papier. Il réalise alors, dans ce début de groupe, que son rôle ne consistait, peut-être, qu'à ramasser les morceaux ! (comme Ivan, l'a si bien dit, dans l'exemple précédent).

En effet, son intervention, en soulignant « la difficulté à se retrouver tous ensemble », n'a-t-elle pas mis l'accent, aussi bien sur l'impuissance des enfants que sur la sienne, réalimentant ainsi le climat d'insécurité. Ceci permettant, peut-être, de mieux comprendre la réaction négative des enfants.

Mais, en se levant, il a pu aussi prendre de la distance vis-à-vis de l'envahissement par les affects violents et a retrouvé sa position d'adulte limitant. Ce qui a été important, à la suite de cette longue interruption, n'est pas tant ce qui pouvait être dit sur la signification de la séance, que le fait de montrer aux enfants que leurs débordements anxieux pouvaient être accueillis et contenus.

La mise en scène, par le thérapeute, de sa fonction paternelle (se lever, rappeler sa place d'adulte), comme de sa fonction maternelle (ramasser les morceaux, réparer le groupe), a été un moment fécond pour la dynamique groupale, en permettant une réassurance suffisante. C'est cette possibilité de figuration qui amènera les enfants à retrouver un fonctionnement plus serein.

En effet, ils se sont calmés, le thérapeute a repris sa place autour de la table et certains enfants ont pu parler de ce qu'ils avaient fait pendant cette interruption.

Nous voyons bien avec cet exemple, que ramener dans le transfert, donc dévoiler le contenu fantasmatique en début de groupe, nous apparaît au mieux inutile, au pire intrusif et persécuteur, en accréditant le caractère inquiétant de cette rencontre groupale.

Ces vignettes cliniques nous montrent comment en groupe, le thérapeute oscille toujours entre deux positions : se taire et risquer d'amplifier le sentiment d'abandon lié à la situation groupale, ou intervenir et être perçu comme séducteur ou intrusif, ceci risquant d'aller à l'encontre du mouvement naturel du groupe. En fait, ce qui paraît essentiel, c'est d'être présent, d'être à l'écoute, non seulement de ce qui est dit ou fait, mais de ce qui est ressenti, éprouvé émotionnellement.

Chapitre 7

LE DISPOSITIF GROUPAL

Dispositif et limites

Le travail en groupe confronte, inexorablement, à des moments de régression et de désorganisation et, par-là même, à la mise à l'épreuve des limites. En effet, la mise en groupe a, en elle-même, une dimension excitante, nous pouvons même dire qu'il n'y a pas de groupe sans excitation. Notre dispositif et nos interventions devront donc permettre à l'excitation de se déployer, en évitant que les débordements conduisent à une véritable attaque de la pensée, qui mettrait en danger le groupe et les enfants. Nous pourrions ainsi résumer notre position : laisser faire oui, mais en toute sécurité !

Ces constatations doivent nous conduire à rechercher un dispositif approprié, permettant le déploiement d'un véritable processus psychothérapeutique groupal. L'acceptation de la coexistence d'un dedans et d'un dehors, véritable facteur de liaison et de différenciation à l'origine d'un travail de pensée, aidera, petit à petit, les enfants à tolérer leur impuissance infantile et, par là même, à renoncer à leur omnipotence.

En l'absence de limites, la thérapie ne fait que retarder l'apparition des fonctions d'autorégulation, entretenir le repli narcissique et le sentiment illusoire d'omnipotence. Le danger serait, en effet, que le groupe, par son excitation, renforce le côté pulsionnel et menace comme nous l'avons vu, le moi des enfants. C'est pourquoi, quel que soit le dispositif, la sauvegarde de la cohésion du groupe nécessite aussi de pouvoir donner des limites lorsque c'est nécessaire. Mais cette attitude de l'adulte se veut protectrice, à la fois du cadre et des enfants. Elle n'est pas interdictrice, elle va, au contraire, permettre de contenir leurs émergences pulsionnelles, étape préalable à un travail de figuration qui ouvrira l'accès à la symbolisation.

Les limites doivent-elles être énoncées en début de traitement ou seulement évoquées lorsque cela devient nécessaire ? Il semble bien que commencer une thérapie en posant des interdits sur des actes, qui peut-être ne se produiront jamais, ne présente pas un grand intérêt. Cette pratique présente même beaucoup d'inconvénients. Proposer une telle liste de méconduites devient un véritable challenge pour les enfants agressifs, en les invitant à défier l'adulte. En revanche, cela fait l'effet d'une véritable force dissuasive quant aux éventuels effets cathartiques attendus pour ceux qui sont trop soumis.

Cependant, une trop grande permissivité irait à l'encontre de la notion de sécurité et d'enveloppe protectrice. Pour nous, être permissif signifie, tout au plus, accepter tous les comportements symbolisés tels qu'ils apparaissent dans la thérapie, sans aucune censure ou restriction. Les sentiments, fantasmes, pensées, souhaits, passions, rêves et désirs sont acceptés et même respectés, quels que soient leur contenu et leur mise en mots ; leur expression en est favorisée à travers le jeu. En revanche, les comportements destructeurs, lorsqu'ils sont simplement agis, ne sont pas autorisés. Si cela arrive, le thérapeute intervient, aussitôt, pour orienter ces comportements vers des issues plus symbolisées.

> Par exemple : dans un groupe, deux enfants de six ans se battent. Le thérapeute dessine au tableau deux boxeurs. Tous les enfants regardent et les protagonistes cherchent à prendre la position. Il s'ensuit un jeu collectif, dans le faire semblant.

Les enfants peuvent ainsi progressivement investir le groupe, en trouvant une juste distance, qui laisse le champ aux manifestations pulsionnelles, sans remettre en question les investissements narcissiques.

Quand le groupe sera suffisamment constitué et investi par les enfants en tant qu'objet, le thérapeute restera plus en retrait quant à ces manquements aux règles, pour tenir compte d'un transfert sur le groupe, qui trouverait là à s'exprimer.

LES ADAPTATIONS DU DISPOSITIF

Pour certains enfants, la mise en groupe, en présence d'adultes non directifs, peut être ressentie comme une violence, du fait de la trop forte poussée d'angoisse déclenchée par cette situation inconnue et de la fragilité de leur système pare-excitations. Cette situation risque de susciter, après un temps de sidération, un état d'agitation collective, ayant pour effet une véritable attaque de la faculté de penser, non seulement des enfants, mais aussi du ou des psychothérapeutes. En effet, les enfants ne peuvent, alors, que renvoyer en identification projective, la violence qui leur serait ainsi faite.

Pour éviter que ces enfants dépensent toute leur énergie pour se défendre de la situation groupale et, en particulier, des angoisses de morcellement liées à la pluralité, les différents dispositifs proposés ont alors, pour but, de leur donner la possibilité de retrouver un sentiment interne de sécurité, propice à la communication. Ceci, soit dans la possibilité d'un repli momentané dans une activité protectrice plus individualisée soit, au contraire, dans un regroupement autour d'une activité commune organisée.

Cette activité s'organise progressivement, dans le cadre de la psychothérapie. Elle est, au contraire, proposée d'emblée aux enfants dans les groupes dits « à médiation », par exemple, les groupes contes, les groupes de langage, les groupes de marottes. Dans ce travail groupal, qui a recours à une médiation, la question des limites se pose avec beaucoup moins d'acuité, puisque la tache proposée fonctionne alors comme un attracteur. De ce fait, la régression est moins importante (voir chapitre 2).

Donc, la prise en compte des possibles effets déstructurants de l'immersion groupale, plus ou moins importants selon les niveaux de pathologies, suppose un aménagement approprié du dispositif. Celui-ci restant le support du travail de symbolisation, il se doit d'être adapté, non seulement aux pathologies dominantes dans le groupe, mais aussi à l'âge de nos patients. On ne symbolise pas de la même façon à cinq ans, à dix ans ou à quinze ans ! Comme nous le rappelait R. Roussillon (1995) :

> « [...] avant de parler d'attaque du cadre, encore faut-il être sûr que le cadre proposé correspond aux besoins du patient. »

Le cadre-dispositif doit donc être pensé et mis en place en fonction des âges et des pathologies. Nous estimons, toujours, que pour les enfants d'âge de la latence, où domine la dimension névrotique, les groupes psychothérapiques d'inspiration psychanalytique, conduits en monothérapie, centrés sur l'échange verbal et le jeu spontané, restent une bonne indication. Mais pour les enfants plus jeunes, comme pour les enfants présentant des états limites avec des troubles du comportement, enfants qui, le plus souvent, ont un faible niveau de symbolisation langagière, nous utiliserons des jouets, la pâte à modeler, le jeu dramatique et le dessin. Ce dernier permet plusieurs modes d'expressivité en fonction du support mis à disposition (tableau, grande feuille scotchée sur la table, feuilles individuelles). Avec ce type de patients, sans renoncer à la monothérapie, nous pensons, qu'en fonction de la formation et du seuil de tolérance des thérapeutes, le travail en cothérapie peut indiscutablement faciliter la tâche. En fin de compte, le choix du dispositif doit tenir compte, non seulement de la formation des thérapeutes, de la pathologie des enfants, de l'homogénéité du groupe ou, au contraire, de son hétérogénéité, mais aussi, bien entendu, du projet institutionnel.

Ceci suppose, une préparation approfondie du groupe, une réflexion d'équipe quant à l'adéquation du dispositif proposé au regard des objectifs thérapeutiques et institutionnels. Ceci permettra d'énoncer clairement, aux enfants comme aux parents, les exigences du travail en groupe, en leur précisant les invariants du cadre-dispositif, par exemple : les horaires, le rythme, la durée, l'assiduité, les interruptions des vacances.

LE TRAVAIL DE SYMBOLISATION

> Le début d'une première séance d'un groupe fermé, composé de six enfants de cinq ans, nous donne un exemple de ce parti pris d'adaptation du dispositif pour privilégier cette tâche de symbolisation qui constitue ici notre cadre de travail.
>
> Ce groupe est conduit en cothérapie[1]. Une troisième collègue[2] réunit, pendant ce temps, les adultes accompagnants. Le début du groupe a été précédé d'une série de rencontres avec chaque famille et d'une réunion parents-enfants.
>
> La porte est fermée à clef, nous en avons donné l'explication, aux enfants comme aux parents : configuration des locaux, proximité de la salle d'attente, de la sortie, etc. Il est dit que ceci a pour but de protéger les enfants.

---

1. Nathalie Bayle, Pierre Privat.
2. 5 Chantal Chabas.

> Nous leur proposons de s'asseoir autour de la table, nous prenons les places restantes. Nous leur indiquons, dans un coin de la salle, la boite où sont stockés des crayons, de la pâte à modeler, des jouets, huit animaux (un chien, un crocodile, un éléphant adulte et un petit, un gorille, un lion, un tigre et une vache) et huit petites voitures identiques ; autant que de participants, les thérapeutes compris.
>
> Les enfants se lèvent, la pâte à modeler et tous les animaux sont sortis et mis en file indienne sur la grande feuille de papier qui recouvre intégralement la table. Chaque enfant prend un animal et fabrique un enclos avec clef et verrou (bien entendu, référence à la porte fermée à clé).
>
> Le thérapeute : « Pourquoi les enfermer ? »
>
> « Pour qu'ils n'aient pas peur ! » répond un enfant. Un autre : « On va leur donner à manger ! » et chacun se met à fabriquer de la nourriture, avec la pâte à modeler. Un seul enfant laisse son animal, le lion sans enclos, nous en faisons la remarque, sous la forme : « Et le lion, il est tout seul dehors ! » l'enfant répond « Il est gentil » mais, quelques minutes plus tard, le lion va tenter d'attaquer les autres animaux. La vache reste dans son coin en retrait, elle observe. Elle a été choisie par l'enfant inhibé.

Nous voyons dans ce début de séance, s'exprimer le double mouvement, l'enclos qui protège chaque participant des angoisses liées aux fantasmes d'indifférenciation, et le lion qui montre, peut-être, la violence qui peut s'exprimer, en l'absence d'un cadre protecteur.

> Il nous semble alors utile d'aider les enfants à aller vers le tous ensemble, en leur permettant de dominer quelque peu leurs craintes. Nous leur suggérons de faire une mare au milieu de la feuille pour que tous les animaux puissent boire ensemble et que le lion ne reste pas seul ; comme ça, il ne sera peut-être plus en colère. Les enfants nous laissent dessiner la mare au milieu de la feuille, mais chacun va dessiner la sienne dans son enclos ; un peu plus tard, nous leur proposons de réunir tous les enclos par un chemin. Ce n'est que dans un second temps que tous les animaux rejoindront le lion, au milieu...

Cet exemple montre comment les enfants, avec l'aide active des thérapeutes se sont approprié les limites que ces derniers leur proposent dans le dispositif. Par la suite, contenus et même soutenus par cette enveloppe, ils vont pouvoir construire leur propre groupe autour d'histoires et de jeux qu'ils créeront eux-mêmes, en abandonnant le recours systématique aux jouets.

La malléabilité du dispositif

Nous insistons, toutefois, sur la souplesse de l'utilisation des différents dispositifs. Comme dans certaines cures de patients adultes, le passage au face-à-face permet la reprise du processus psychanalytique. De même, en groupes d'enfants, la souplesse du dispositif permet la reprise d'une activité de pensée momentanément bloquée dans l'excitation. Ainsi, chaque fois que les mécanismes de répétition viennent obérer les capacités créatrices des enfants, et ceci quel que soit le dispositif de référence adopté, c'est de la créativité du thérapeute que dépendra la relance de l'activité imaginaire des enfants. En d'autres termes, en référence à Winnicott (1969), le thérapeute se doit de rester en bonne santé, c'est-à-dire, de conserver, quoi qu'il arrive, sa capacité pensante. Celle-ci mise au service du dispositif, permettra de rendre possible et de maintenir la permanence de cette aire de symbolisation appelée cadre, sans laquelle le travail processuel ne pourrait être opérant.

Ainsi, en tenant compte des éventuelles difficultés de verbalisation, quand l'importance des mouvements affectifs entrave la symbolisation, le thérapeute peut utiliser cette possibilité, toujours offerte aux enfants, d'avoir recours à des séquences de jeu dramatique. Cet aménagement du dispositif, par le thérapeute, permet de préserver le cadre psychothérapeutique.

> Nous citerons la quinzième séance d'un groupe psychothérapique de sept enfants, de huit à dix ans où prédominent, depuis quelque temps, des comportements violents, inaccessibles à toute tentative d'élaboration interprétative du fait, en particulier, de deux enfants présentant des pathologies limites avec un faible niveau de verbalisation mettant, sans cesse, à rude épreuve, la solidité du groupe et, par là même, la capacité contenante du psychothérapeute.
> Certains enfants se plaignent à leurs parents et parlent de quitter le groupe. À l'occasion d'un nouveau déchaînement, le psychothérapeute, se rendant compte que toute intervention qui voudrait donner sens à ce qui se passe ne serait qu'une tentative d'évacuer en miroir le trop plein d'excitation qui l'envahit et menace sa capacité de penser, saisit au vol une allusion furtive faite à un feuilleton télévisuel mettant en jeu des *cowboys* et des indiens. Il suggère la possibilité d'organiser un jeu où chacun aurait un rôle. Cette proposition surprend les enfants qui s'arrêtent un court instant, sensibles à l'intérêt que leur porte le psychothérapeute. L'un d'eux s'écrit : « D'accord, si tu joues avec nous ! » Le jeu se met en place : un village d'indiens sera attaqué par des *cowboys*. Les deux enfants les plus agressifs choisissent d'emblée le rôle des attaquants, les autres se regroupent autour de l'adulte : ils seront les indiens et lui sera le grand sachem. Comme au cours des premières séances, il se forme un cercle avec le thérapeute pour jouer

> les indiens qui palabrent. Seuls les deux « *cowboys* » se retrouvent en dehors, ne sachant que faire, incapables d'assumer leur rôle, un moment désemparés ; ils s'agressent mutuellement. Les « indiens » s'étonnent de cette attitude et trouvent bizarre que les visages pâles se battent sans raison... Un des enfants propose qu'on les enferme dans une cage et qu'ils soient exposés au milieu du village. Tous rient, et les deux garçons reprennent une place auprès des autres.

Ainsi, la violence ayant été contenue par le jeu, grâce à la prise en compte par le psychothérapeute des potentialités créatives du moment, ce dernier va pouvoir mettre en lien, à un niveau groupal, l'attitude des deux garçons qui se sont sentis abandonnés dans le jeu, avec le même sentiment d'abandon que tous ont pu ressentir du fait de la situation de groupe.

En effet les « deux agresseurs » mettant en scène cet état d'excitation maniaque qui masque la dépression consécutive au sentiment d'abandon, renvoient bien à la problématique du moment : chacun, du fait de la pluralité se sent à la fois abandonné par le thérapeute et menacé dans son identité.

Mais, à un autre niveau ce jeu où la présence-absence renvoie au jeu fondamental de la liaison-déliaison, est bien aussi la mise en forme de la figuration d'une amorce d'activité de pensée des enfants, qui se développe, se trame, en s'étayant sur celle de l'adulte. Son intégration au jeu lui permet de symboliser sa position de thérapeute entre le « trop près »,rop près rop près rop près qui renvoie à la séduction et le « trop loin », qui ravive les sentiments d'abandon. Il n'est plus perçu comme menaçant et, de ce fait, sa parole redevient recevable. Ainsi l'introduction par le thérapeute d'une séquence dramatique, véritable aire de symbolisation, va permettre de réintroduire le champ de la parole. L'angoisse, qui tendait à résoudre l'excitation mobilisée par la mise en acte pour les uns, par l'inhibition pour les autres, risquait de rétablir les circuits répétitifs habituels, mettant en évidence la défaillance des systèmes de liaisons et de symbolisation qui rendent compte d'un travail au niveau préconscient. Cette défaillance reprise en compte par le psychothérapeute, a donc permis ce travail de liaison mais aussi le contre-investissement d'une fantasmatique sadique. Un dispositif groupal adéquat limite donc les réactions violentes et est porteur, lui-même, d'une dimension pare-excitante.

Nous donnerons un autre exemple, avec des enfants plus petits, où, là encore, la créativité du thérapeute reste le seul recours dans un moment où l'activité perceptivo-motrice ne pourra se transformer que grâce à sa capacité détoxiquante.

> Le groupe thérapeutique composé de quatre enfants, Alexandre, Anthony, Jimmy et Mathieu et du psychothérapeute, en est à sa quinzième séance. Après une interruption liée aux vacances scolaires, les enfants viennent de se retrouver dans la salle d'attente et, très excités, courent vers la salle du groupe. Quand le thérapeute arrive, ils sont déjà en train de se battre pour s'approprier les figurines animales mises à leur disposition. Si le gros et le petit éléphant avaient déjà d'emblée séduit Anthony, enfant jumeau, qui s'était écrié en les voyant, déniant la différence des générations, « c'est des frères », aujourd'hui, c'est le crocodile, avec sa bouche grande ouverte et ses dents pointues, qui attise toutes les convoitises. Tous le veulent, on se l'arrache, mais il est solide. Quand, par dépit, il est jeté par terre avec violence, dans un mouvement de rage destructrice, il résiste et rebondit. L'analyste tente alors une intervention pour faire lien avec la colère qu'on pourrait ressentir d'avoir été abandonné si longtemps, espérant trouver un écho chez ces quatre enfants tous placés en famille d'accueil par l'Aide sociale à l'enfance et se présentant tous abandonniques. Mais rien n'y fait, les enfants, de plus en plus excités, ignorent les propos de l'adulte, et se retrouvent comme indifférenciés dans ce violent corps à corps.
>
> Confronté à ce chaos, il voudrait bien user de son autorité d'adulte, obtenir un moment de calme, d'autant plus qu'il sait que les bruits se répercutent le long des couloirs de l'institution... Ne reproduirait-il pas alors la conduite habituellement répressive des adultes à laquelle sont, dans la répétition, confrontés ces enfants ? Ne serait-ce pas ainsi, répondre en contre-identification projective à leur omnipotence ? Comment être psychothérapeute, se référer à la psychanalyse dans un pareil moment ? Il se sent désemparé, impuissant, il ne comprend plus rien. Bientôt, cependant, il ne cherche plus à comprendre, il se laisse envahir par un vague sentiment d'abandon. C'est alors le chaos dans sa tête, puis le vide... Les enfants, qu'il ne voit plus, continuent à se battre pour le crocodile...
>
> L'image d'un autre crocodile s'impose progressivement à son esprit. Il se souvient comment, enfant, il avait été troublé et ravi par le récit du petit éléphant désobéissant qui au bord du fleuve Limpopo s'était vu happer le bout de son petit nez par le méchant crocodile. C'est comme ça, dit-on, que les éléphants se sont retrouvés armés de cette superbe trompe. L'image de Mathieu faisant mine, au cours de séances précédentes, de se tirer sur le sexe d'une façon provocante se surimpressionne alors à cette évocation.
>
> Le voilà revenu dans le groupe ! Il réalise, à ce moment-là, que les enfants ne se battent plus et le regardent intrigués, son attitude en retrait leur renvoyant peut-être, en miroir, leurs propres sentiments d'abandon. Anthony est là, face à lui, et avec un petit sourire attendri il lui tend le crocodile ! Étonné, il s'entend dire : « Aimeriez-vous savoir pourquoi les éléphants ont une trompe ? »

> Les enfants sont maintenant assis près de lui et il raconte l'histoire. Attentifs, ils vont la mettre en scène avec l'ensemble des figurines. Pendant des semaines l'histoire sera réclamée, les enfants ne se lasseront pas, comme contenus par cette « enveloppe narrative » et, progressivement, va naître une activité de pensée partagée se traduisant entre autre par l'organisation de jeux, et par la réalisation de dessins communs. Mais le petit éléphant désobéissant, abandonné par sa maman, sauvé et protégé par le groupe des animaux, échappera, toujours, après bien des péripéties, au méchant crocodile. Les enfants abordent ainsi la problématique de l'abandon, contenus par la représentation du groupe symbolisé par le jeu avec les figurines.

En choisissant de relater ce moment d'un groupe thérapeutique de jeunes enfants âgés de six ans présentant des pathologies limites, nous voudrions mettre en évidence comment le psychothérapeute est amené à vivre une fonction de double pour que l'amorce d'une rencontre groupale puisse se fonder dans le partage des affects, au-delà de la différence des générations. Ce moment de régression permet, en effet, la mise en rapport de l'infantile de l'adulte avec la problématique des enfants. Pour cela, il doit accepter de se retrouver confronté à la régression formelle de sa pensée, à l'inconnu, voire à la désorganisation. Il ne craindra pas de se laisser englober dans le chaos. En vivant ce moment d'abandon sans s'exclure derrière quelques mouvements défensifs, il va pouvoir approcher le vécu de l'enfant face à l'inconnu traumatique du désinvestissement maternel.

À partir de cette expérience et de ces affects, les figurations qu'il va alors pouvoir mettre en place, comme précurseurs de son activité de pensée retrouvée, vont lui procurer des mécanismes de dégagement lui permettant de contrer l'identification syncrétique (qui aurait pu maintenir le thérapeute dans le chaos et l'incapacité de penser) et de faire avancer, progressivement, le groupe, vers un fonctionnement en identité de pensée.

C'est sur ce mouvement que s'étaye ce que R. Kaés (1982*b*) appelle à la suite de W. Bion (1961), la fonction « conteneur » du thérapeute. Pouvoir recevoir les identifications projectives destructrices, pouvoir les éprouver authentiquement et ainsi accepter la mise à l'épreuve de sa propre contenance, va permettre ce travail de détoxication des éléments destructeurs projetés, qui seront restitués sous une forme symbolisée. Il renvoie alors, enrichi par sa rêverie, et par ses identifications théoriques, non plus des thèmes de destructions mais une histoire qui intègre les angoisses de castration. Le travail associatif reprend sous forme de jeu collectif, intégrant le thème de l'abandon mais aussi la fonction contenante du groupe.

Nous voyons, au travers de ces exemples, que la créativité du thérapeute est au service de la sauvegarde du cadre psychothérapeutique et, présente dans cette construction permanente du dispositif « trouvé créé » avec les enfants, elle reste le fondement de l'attitude thérapeutique. Ainsi nous pensons que le dispositif n'a pas à être fétichisé et qu'il doit s'adapter aux enfants. Rappelons, une fois de plus, qu'avant de parler trop vite « d'attaque du cadre », il est important de s'interroger sur l'adéquation du dispositif proposé avec les possibilités des enfants.

Évidemment, ce choix sera toujours modulé, plus ou moins, par le ou les modèles en cours dans l'institution, ce qui nécessite de replacer toute pratique groupale dans son contexte institutionnel. Ainsi, certains vont privilégier la conduite en monothérapie ou en cothérapie, les groupes fermés ou les groupes ouverts, les groupes à durée déterminée à l'avance ou, au contraire, les groupes à durée indéterminée. Ces caractéristiques propres à chaque cadre-dispositif vont influer sur la façon de prendre en compte le déroulement du groupe et donc amener à des lectures différentes du processus. La mise en perspective du groupe ouvert et du groupe fermé, par exemple, spécifie des particularités incontournables. En effet, il nous est rapidement apparu, que le groupe fermé non limité dans le temps, était le plus adapté à un travail centré sur la dynamique groupale, facilitant le repérage des différents mouvements groupaux et leur éventuelle élaboration interprétative. D'autre part, quand il se termine, il a la particularité de permettre le désinvestissement collectif de l'objet groupe, conjointement à l'élaboration de la séparation. Au contraire, le groupe ouvert, du fait du renouvellement de ces participants, suscite des mouvements régressifs qui vont favoriser l'émergence de la thématique œdipienne par un effet de resexualisation lié à la rivalité. Quant à la séparation, elle s'élaborera individuellement, par rapport à un groupe imaginaire qui viserait à l'immortalité.

Chapitre 8

FIN DE GROUPE ET TRAVAIL DE SÉPARATION

COMME NOUS l'avons montré précédemment, le déploiement d'un processus thérapeutique groupal et son élaboration interprétative, suppose la mise en place de groupes fermés. Ainsi, le groupe arrivé à son terme, le travail de séparation se fera au travers du désinvestissement progressif de cet espace commun. Il est de ce fait indissociable de la question de la temporalité.

LE TEMPS DU GROUPE

La durée de la séance a été annoncée dans les consignes de début elle fait partie du cadre-dispositif et s'impose, ainsi définie, aussi bien aux enfants qu'au thérapeute. Ce temps de la séance est conventionnellement fixé comme unité de temps cadre et tire son efficience de cette convention. Souvent les enfants se réapproprient, très vite, cette règle et se substituent à l'adulte pour veiller scrupuleusement à son application en surveillant, à la minute près, l'heure de début et de fin de la séance. En revanche, ni la durée totale du groupe ni le temps global du traitement ne sont pas précisés. C'est un temps par essence indéfini ;

il est seulement dit que nous terminerons tous ensemble et déciderons aussi ensemble de la fin. Cette formulation est suffisamment floue pour mobiliser, nous l'espérons, à la fois les vécus claustrophobes en lien, bien sûr, avec la situation de mise en groupe et aussi, à l'inverse, la mégalomanie des enfants en miroir à la toute puissance présumée de l'adulte thérapeute qui, seul, détiendrait la possibilité de maîtriser le temps du groupe. Ne pas donner de limites de temps peut, en effet, renforcer, chez les enfants, un vécu d'enfermement déjà induit par la situation groupale qui réactive des angoisses archaïques. D'autre part, le fait que l'adulte thérapeute ne réponde pas, de façon précise, aux demandes des enfants concernant la durée du groupe, peut leur sembler persécuteur et alimenter ainsi, en retour, leur sentiment de toute puissance, qui risque de se manifester par de l'excitation et des attaques du cadre.

Cet élément du dispositif va donc être déterminant puisque le travail psychothérapeutique dans ce type de groupe va justement consister à amener les enfants à élaborer ces angoisses précoces

Pour en arriver là, le dispositif ne doit pas se limiter à favoriser la régression, il doit aussi pouvoir devenir utilisable par les enfants et les aider dans cette élaboration. Le groupe devient alors « à durée déterminée » et c'est à l'intérieur de cet espace temps, maintenant défini, que va pouvoir se poursuivre et se déployer un véritable travail de pensée sur la perte et la séparation.

Nous verrons, au contraire, dans le chapitre suivant, que lorsque la durée du groupe est fixée d'emblée, cela ne sollicite pas le travail psychique des enfants autour de la question du temps. En revanche, le questionnement sur les différences de sexe a amené une défense utilisant la météo (le temps qu'il fait), ce qui avait à l'époque interrogé le thérapeute jusqu'à ce qu'il fasse le lien avec une réplique mise dans la bouche d'un personnage du film de Jeunet, *Le Fabuleux Destin d'Amélie Poulain* : « Pour ne pas parler du temps qui passe, on parle du temps qu'il fait. »

Dans la séquence clinique suivante, comme dans la plupart de nos groupes fermés et à durée non déterminée à l'avance, on s'interroge sur le temps qui passe !

Se décoller ou non ? Est-ce le moment ?

« Je ne suis pas concerné par cette question, je vous annonce que je ne veux plus venir, je ne serai pas ici la semaine prochaine et d'ailleurs on peut bien tous s'arrêter-là, je ne vois pas bien ce que je fais ici, mes parents veulent que je continue, ils disent que j'en ai encore besoin, à la dernière consultation Privat m'a dit de le dire. »

C'est ainsi que Nicolas fait part de son intention d'abandonner le groupe, alors que les enfants et la thérapeute s'interrogent sur la possibilité ou non de maintenir une séance pendant les vacances de février. Nicolas est depuis le début très réticent et ses réticences sont à la mesure de ses difficultés, expliquant une intégration difficile au groupe. En revanche, ses parents sont très concernés par les problèmes de leur fils et soutiennent activement le traitement. Ils participent régulièrement au groupe proposé une fois par mois aux parents des enfants. Ces derniers, cinq garçons et une fille, sont âgés de dix à onze ans et se réunissent régulièrement, une fois par semaine, avec une psychothérapeute, depuis un peu plus d'un an.

Après cette prise de position de Nicolas, les autres enfants, les uns après les autres, se récrient en disant tous à peu près la même chose :

« Il n'est pas question d'arrêter comme ça, maintenant on se connaît bien, on est bien ensemble ; éventuellement on peut envisager que le groupe ait une fin, mais sûrement pas de cette façon ! »

Nicolas continue :

« Il y a longtemps que je dis que je veux arrêter, et vous aussi d'ailleurs, je vous ai bien entendu le dire ! »

« C'est vrai », répond Guillaume, « mais jamais cela n'a été dit comme ça, sérieusement, on n'en a jamais vraiment parlé ensemble. »

Nicolas : « Même dans la cour, tout à l'heure ? »

Patrick : « Justement, c'est dans la cour, c'est pas du sérieux, on dit y'en a marre, on s'ennuie, mais c'est pour la frime. »

La thérapeute intervient, en confirmant qu'en effet il n'est pas question de terminer le groupe :

« Nous avons encore du travail à faire ensemble et c'est ensemble que nous prendrons la décision du meilleur moment pour se séparer. Nous pouvons, bien sûr, commencer à y réfléchir, dès maintenant, mais aujourd'hui, l'important est le départ annoncé de Nicolas et cela nous concerne aussi tous. »

Thomas : « On n'a pas envie que Nicolas parte, on le connaît bien maintenant, on sait comment il est, il a encore des problèmes, il a mauvais caractère, il se moque tout le temps, mais puisqu'on peut le supporter, ça veut dire qu'on peut aussi l'aider à aller mieux. On ne veut pas qu'il parte avant qu'on ait fini. »

Marie : « Moi, j'ai beaucoup rechigné pour venir, c'est ma mère qui voulait, mais finalement je pense que ça m'aide vraiment. »

Jérémie : « De toute façon, ses parents ne le laisseront pas s'en aller, ils ne seront pas d'accord et ils auront raison. »

Patrick : « On pourrait s'arrêter dans quatre ou cinq séances. »

« C'est un peu court, reprend Jérémie, on pourrait aller jusqu'en mai. »

« Avec les vacances de février et celles de printemps, finalement cela ne fera pas beaucoup. », ajoute Thomas.

Patrick : « Privat (c'est aussi son consultant) nous a bien eus, il disait que si on voulait partir il suffisait d'en parler, finalement ce n'est pas aussi simple que cela. »

Profitant du silence qui suit cette affirmation, la thérapeute reprend : « Sans doute, on pourrait envisager de s'arrêter mais pas tout de suite. En effet, comme vous venez de le dire, on est bien ensemble maintenant, on se connaît mieux et peut-être ce serait le moment de se pencher ensemble sur des préoccupations qui n'ont pu être abordées jusque-là puisqu'on travaillait plutôt à se connaître et à s'accepter. »

Patrick intervient alors : « On pourrait, par exemple, se parler de soi. »

Marie prend tout de suite la parole : « Quand j'étais petite, une fois, j'ai fait tomber mon frère sur le carrelage, il s'est ouvert le crâne. »

Guillaume : « Qu'est ce que tes parents ont dit ? »

Marie : « Ce n'est pas mes parents, c'est moi : je me suis sentie mal, je n'osais plus être avec eux et avec mon frère je pensais qu'ils m'en voulaient, pourtant, je ne l'avais pas fait vraiment exprès. »

La psychothérapeute intervient alors en disant : « Ici aussi on a pu quelques fois se sentir rejeté par un autre qui, lui, pense seulement plaisanter, jouer. La semaine dernière, nous en avons justement parlé, et le fait que quelqu'un veuille partir aujourd'hui, peut peut-être aussi nous refait penser à cette idée. Est-ce qu'on ne pourrait donc pas envisager de partir mais en même temps avoir envie de rester et que les autres nous retiennent ? »

Nicolas insiste : « Si je veux partir, je pars, personne ne peut me forcer. » En même temps qu'il parle (de façon, d'ailleurs très ambiguë : forcer à quoi ?), il se laisse aller avec sa chaise contre son voisin. À ce moment-là tous organisent un jeu où chacun tombe en se collant à l'autre, de sorte que Nicolas se retrouve complètement englobé, happé par le groupe. Il y a une ambiance très joyeuse mais pas d'excitation. Ce jeu recommence plusieurs fois.

Ce qui amène ce commentaire de la thérapeute : « Il semble bien que l'on ait très envie de se sentir ensemble, près les uns des autres, un peu collés. »

Thomas reprend : « Peut-être on n'est pas encore prêts à se décoller. » Elle n'insiste pas. Au moment de se quitter, à la fin de la séance, tous, chacun à leur tour disent « à la semaine prochaine » à Nicolas.

Fixer une date de fin

Dans cette séance d'un groupe fermé à durée indéterminée à l'avance, la fin du groupe se discute comme, c'est le cas la plupart du temps, à partir du souhait émit par un enfant de quitter le groupe. C'est souvent la peur d'être rejeté qui est à l'origine de cette demande avec, en même temps, l'espoir d'être, au contraire, retenu. Donc, cela intervient lorsque les enfants ont une conscience, même floue, de la solidité des liens entre eux et de la fiabilité du groupe. En effet, à la latence, le sentiment d'appartenance soutient le désir d'un travail psychique tous ensemble et si un enfant veut partir, on lui renvoie le déplaisir de la perte. Cela n'entraîne pas une suite de départs et n'attaque pas le groupe, au contraire, c'est une façon de vivre et de tester le sentiment d'appartenance, qui en sort alors renforcé et la cohésion du groupe gagne en solidité. Si l'alliance thérapeutique avec les parents est suffisante, l'enfant, soutenu à la fois par ses parents et les autres du groupe, décide de rester et, en quelque sorte devient un peu plus actif et positif dans sa participation.

Fixer une date permet alors de travailler, à partir de cette idée de la séparation, sur l'historicité du groupe et le vécu de chacun, de son aventure groupale. Ceci ouvrira, bien entendu, la possibilité d'aborder plus facilement les problématiques individuelles référées à l'histoire du groupe.

Lors d'une séance suivante, tous se mettrons d'accord, y compris Nicolas, qui est revenu et restera jusqu'au bout, d'accord sur une date de fin : ce sera en mai. Nous ne faisonsn autant que possiblen pas coïncider la fin d'un groupe avec la date des vacancesn pour ne pas confondre le temps social avec le temps du soin. L'évolution du groupe amènera à remettre cette date en question etn finalementn ils ne se séparerons que fin septembre, c'est-à-dire, huit mois après la séance relatée.

Le sentiment de rejet

Le groupe continue, ensuite, sans absences notables jusqu'à fin avril et les enfants avec, bien sûr, plus ou moins de difficultés, entreprennent de travailler davantage, comme cela a été dit dans la vignette clinique, autour de leur problématique personnelle. Thomas tombe alors malade et manque trois séances de suite. Lorsqu'il revient, il n'entre pas dans la pièce où a lieu le groupe et se sauve dans le quartier, où il passe tout le temps de la séance à pleurer sous une porte cochère. Lorsqu'il peut en parler devant les autres, il met en avant, pour expliquer son attitude, un sentiment de non accueil et même de rejet dans la cour du centre où il avait rejoint ses camarades qui jouaient au foot en attendant l'heure de la séance. Les autres enfants reconnaissent qu'ils ont, en effet, été très distants avec lui et lui expliquent que son attitude de « premier de la classe », toujours raisonneur et raisonnable, les avaient beaucoup agacés et qu'ils le lui avaient fait payer, lors de ce retour. Thomas répond qu'en fait il n'est pas réellement comme ça et, qu'au contraire, il n'est pas très fort en classe, et même qu'il a beaucoup de difficultés en ce moment aussi bien avec les apprentissages qu'avec les copains. Tous les enfants sont très émus, chacun entoure maintenant Thomas en l'assurant de sa compréhension et raconte où il en est de ses problèmes.

La psychothérapeute reprend ce qui vient de se dire, en faisant un lien avec la séance de février où il avait été question, pour la première fois, de sentiment de rejet, de séparation, de désir de quitter le groupe et de le voir se terminer.

Elle ajoute ensuite : « Il semble que cette problématique soit plus que jamais à l'ordre du jour et qu'il nous sera, sans doute, nécessaire de disposer d'un peu de temps pour la travailler. Je vous propose donc de remettre en question la date de fin et de poursuivre jusqu'à la fin septembre. »

Ainsi une première séparation, celle des vacances, sera expérimentée avant de se quitter. C'est ce que nous faisons habituellement dans nos groupes, chaque fois que cela est possible.

Cette proposition est d'abord vigoureusement discutée puis acceptée, avec même, semble-t-il, un certain soulagement.

DU TEMPS INFINI AU TEMPS RELATIF

Peut-on dire, et c'est ce que semblerait montrer l'évolution de ce groupe, que le temps infini du groupe, en devenant relatif dans une appropriation de la représentation de la fin, prend des qualités de malléabilité qui en ferait un médium permettant le travail sur l'omnipotence et la séparation ?

En effet, ensemble ils ont redéfini, remanié, le temps du groupe, en fonction de leurs besoins. Les enfants vivent difficilement l'absence, qui renvoie à la séparation, avec menace de destruction du groupe, ce qui les a amenés à un passage par l'acte. La proposition de prolongation vient les rassurer et la prise en commun de cette décision permet aussi de relativiser la toute-puissance de l'adulte.

Nous voyons bien comment la thérapeute choisit de partir, dans une certaine mesure, à l'aventure avec les enfants et comment, pour préserver son cadre psychothérapeutique, elle improvise au fur et à mesure du climat groupal et de son ressenti des besoins des enfants. D'une certaine façon, ce sont alors les enfants et elle-même, membre du groupe, qui se construisent leur propre dispositif.

N'est pas ce qui préside au choix du groupe à durée non déterminée à l'avance. ? En effet, si la modification du dispositif a eu pour effet de relancer le processus de penser et la créativité, comme nous le montrent les séances relatées précédemment, c'est qu'en allant dans le sens de la demande des enfants (arrêter le groupe), on leur a donné ce dont ils avaient besoin pour symboliser. Le dispositif aménagé vient comme étayage des fonctions du moi, permettant de supporter les émergences pulsionnelles qui alors ne seront pas destructrices.

Le désinvestissement du groupe thérapeutique lorsqu'il aura rempli son office, s'accompagnera de l'investissement d'un autre temps : celui de l'après. Les enfants font en effet, à ce moment-là, des projets, ils parlent de leurs activités futures, des autres groupes (sportifs, de loisirs) auxquels ils vont participer dans une meilleure intégration sociale. Faire le deuil de cette expérience c'est aussi la symboliser, en l'intériorisant comme une bonne expérience passée mais dont le souvenir reste vivant. Ce vécu positif de la séparation va faciliter alors la souplesse des investissements futurs.

Chapitre 9

FANTASME D'INDIFFÉRENCIATION ET DIFFÉRENCE DES SEXES

Mise en place du cadre-dispositif

À partir de la description des principaux mouvements processuels à l'œuvre dans un groupe mixte d'enfants de neuf à onze ans (groupe fermé à durée déterminée, d'une année conduit en monothérapie), nous allons montrer comment le déni temporaire de la différence des sexes organise l'illusion du « tout pareil », (« illusion groupale » de D. Anzieu) pour permettre le « tous ensemble ». C'est à partir de ce véritable étayage narcissique que pourront, dans un second temps, s'élaborer la castration et, par là même, rendre possible l'élaboration de l'œdipe.

Les séances sont hebdomadaires, d'une durée de quarante-cinq minutes, et se déroulent dans une petite pièce dont trois des murs sont recouverts de tableaux noirs. Au centre, une table est entourée de sept chaises identiques. Les enfants disposent d'une petite boîte de craies et d'une éponge. Ils sont six, deux filles (Élyse et Kathy), quatre garçons

(Marc, Louis, Gérard et Maxime). Ils sont âgés de neuf à onze ans, globalement leur symptomatologie est à dominante névrotique, les difficultés scolaires côtoient l'inhibition et la dépression.

Le groupe d'enfants est accompagné une fois par mois d'un groupe de parents.

Nous relaterons quelques moments significatifs dans le déroulement de ce groupe qui a comporté, en tout, trente-cinq séances, réparties sur une année, d'octobre 2000 à octobre 2001.

Le silence et les idées tristes

À la première séance, alors que les enfants silencieux sont assis avec le psychothérapeute autour de la table et attendent, celui-ci précise :
« Nous sommes là pour échanger ensemble, pour parler de ce qui nous intéresse, de tout ce qu'on a envie de partager. »
Après un long moment de silence, une fillette suggère qu'on pourrait se présenter, mais ceci n'entraîne aucun écho. Il ne relève surtout pas, une telle démarche de sa part risquerait de privilégier les individualités et de renforcer les différences au détriment du groupal. Les faire se présenter se voudrait rassurant, évitant aux enfants, comme à lui-même, d'être confrontés aux angoisses, réactualisées par la mise en groupe. D'ailleurs, au bout d'un moment un garçon murmure :
« Je pense à ma mère qui est morte, l'année dernière. »
Tous le regardent et le silence persiste, comme si tout le monde partageait sa tristesse. Cela évoque une veillée mortuaire et le thérapeute dit :
« C'est vrai qu'ici, on peut aussi avoir des idées tristes. »
« Et même des idées qui font peur ! » reprend un garçon.
Le silence continue, on a l'impression qu'ils auraient envie de se serrer les uns contre les autres, de faire bloc pour se protéger. Mais le silence semble de moins en moins angoissant, ce qui amène l'adulte à leur dire :
« Le silence tous ensemble, ça peut aussi protéger des pensées douloureuses. » Plusieurs enfants lui sourient, le silence est moins lourd. À la fin de la séance, chacun lui serre la main en lui disant « à la semaine prochaine ».
Cette première remarque de Louis évoquant le décès de sa mère renvoie, évidemment, à la dépression qui a justifié sa prise en charge. Mais, sa problématique personnelle le conduit à exprimer, également, les angoisses d'abandon de tous les participants, liées aux effets de la mise en groupe, peut être exacerbées par sa fin annoncée dès le début (groupe à durée déterminée à l'avance).
Lors des séances suivantes, l'oscillation entre l'individuel et le groupal s'exprime sous différentes formes, mais les tentatives de présentations

échouent : si on se dit son prénom, on l'oublie, si on l'écrit au tableau on l'efface. En revanche, la recherche de jeux connus de tous va les réunir dans la bonne humeur, jeux d'enfants dont l'adulte thérapeute est exclu. Mais surtout, défense, par le connu, contre les angoisses liées a l'inconnu du groupe.

ET SI L'ON PARLAIT D'AUTRE CHOSE... TOUS ENSEMBLES ET TOUS PAREILS...

Au bout de quelques semaines, les défenses sont de moins en moins efficaces, les jeux ne font plus l'unanimité, des conflits apparaissent, les enfants se dépriment :
« On ne sait pas quoi faire, à quoi sert ce groupe... ? »
Il n'est bien sûr pas question de leur proposer d'aborder leur problématique personnelle, le groupe est bien trop menaçant. D'ailleurs, la suggestion de pouvoir « partager ici, tous ensemble ce qui nous intéresse », va entraîner un échange sur les records vus à la télé, récits qui vont fournir des représentations aux angoisses claustrophobiques réactualisées par le groupe : il sera question, entre autre, d'un homme qui ferait rentrer une centaine d'abeilles dans sa bouche où il avait introduit une éponge gorgée de miel ! Cette image angoissante d'enfermement et d'attaque de l'intérieur du corps, sera confirmée par la suite de la séance où il sera question de survie dans un aquarium, bien vite comparé à la pièce du groupe qui possède une grande baie vitrée. L'idée qu'elle soit remplie d'eau, fait dire à une fille : « Il faudrait faire un trou au plafond pour s'échapper ! » Pendant ce temps, un garçon dessine une porte qui s'ouvrirait sur le vide...

S'échapper d'un lieu qui serait trop inquiétant, à moins... qu'on ne s'envole tous ensemble ! En effet, il est question de la mère de Marc et du père de Louis qui ont la pratique de la montgolfière. Louis précise qu'un jour son père a fait décoller sept personnes. Le thérapeute : « Sept personnes... » Maxime répond en riant : « Comme nous ici. »

Un des garçons se précipite à la fenêtre et lève le store pour voir, dit-il, si on vole, les autres protestent et lui demandent de refermer pour que personne ne nous voie de dehors.

À la fin de la séance, il sera question d'effacer toutes traces de leur passage dans la pièce. Tout ça doit rester entre eux, il faut se protéger des regards extérieurs ! Mais il est bien question que le groupe décolle.

À partir de là, la thématique groupale va s'organiser et il sera alternativement fait référence au dehors et au-dedans – l'enveloppe groupale se met en place.

Quand il est question de l'école, du mélange des générations au collège et de la difficulté d'être parmi les plus petits, contrairement à l'école élémentaire, où là ils seraient les plus grands, Gérard s'exclame :

« On est mieux entre enfants, quand il y a un grand ça va pas ! » Tous approuvent.

Le thérapeute s'interroge alors sur la place qu'il occupe à ce moment, il n'a pas l'impression de représente un danger pour eux. Alors est-il ignoré ou bien considéré comme l'un des leurs ? En souriant, il avance :

« Mais ici il y a un grand ! » Louis, comme pour le rassurer, s'écrie :

« C'est pas pareil, vous êtes là pour qu'on se parle ! »

Ils acquiescent et vont tous vers les tableaux, pour se dessiner mutuellement. L'ambiance est très détendue. Un peu excité, Louis va lui demander, comme pour le mettre à l'épreuve, d'aller mouiller l'éponge. Il rappelle, alors, qu'il est convenu que les séances se passent dans cette pièce. Il fait un peu plus tard la même réponse à Kathy qui demande à aller aux toilettes :

« Pour l'instant, nous restons tous ensemble. »

Le voilà bien replacé dans sa fonction d'adulte, gardien du cadre.

Quelques séances plus loin, il sera question de films à la télévision, mais personne n'a vu le même, les différences rendent l'échange impossible. En revanche, l'évocation d'une publicité de voitures fait écho. Elle met en scène un couple ; Kathy précise que la femme est enceinte : « Ca se voit à son gros ventre ! » Les garçons sont étonnés, ils n'avaient pas remarqué ! Kathy insiste et rajoute que ce serait bien que ce soit les garçons qui fassent les enfants. Élyse, habituellement très discrète, approuve énergiquement. Cette idée, à l'évidence, inquiète les garçons, l'un d'eux proteste : « Ce n'est pas possible, les hommes n'ont pas de nichons ! » Maxime suggère qu'ils pourraient se mettre des ballons, l'idée plaît, ils rient. Il s'ensuit un silence embarrassé, le thérapeute remarque, alors, que les bébés n'auraient pas grand-chose à boire. Gérard ajoute, alors, que : « On pourrait y faire un trou et y mettre du lait dedans. »

Les manifestations régressives deviennent alors plus explicites, certains se mettent à grogner comme des petits cochons et Kathy suggère « qu'on pourrait tous se mettre dans un grand seau plein d'eau ».

Exprime-t-elle, de cette manière, le fantasme de retour dans le sein maternel ? Un autre rajoute alors : « Et on couperait tout ce qui dépasse. », les filles répétant en cœur : « Tout ce qui dépasse. », en regardant l'adulte fixement : « On vous coupera aussi ! »

Lui : « Et comme ça, on sera tous pareils, bien protégés. » Sa remarque les laisse perplexes... mais la bonne humeur persiste. À la fin, Marc et Maxime trouvent que la séance a été trop courte (fantasme d'indifférenciation protecteur, comme le contenant maternel.)

Que faire des différences ?

À la séance suivante, alors que Marc raconte une histoire, Louis se lève et dessine au tableau un personnage, sans bras ni jambes. Quelqu'un fait remarquer que c'était une femme dont il a effacé les seins. Kathy, à son tour, dessine un personnage avec des seins, mais aussi avec des attributs masculins. Ce personnage hermaphrodite les amuse beaucoup, l'excitation monte, ils commencent à s'agiter. Seul Marc, le plus grand, tourne le dos, comme pour dire « c'est une affaire de petits ». Mais il va se retourner quand la conversation s'engage sur la possibilité de changer de sexe. « Transformer un garçon en fille c'est facile, disent les filles, il suffit de couper le zizi ! » Tous rient, dans une réaction de déni, sauf Marc, qui, à nouveau, tourne le dos. Après un moment d'hésitation, survient la grande question : Comment transformer une fille en garçon ? Grande perplexité et la réponse hâtive de Kathy, qui trouve que c'est facile : « Il suffirait d'enfiler une saucisse et de faire un trou pour la pisse », ne satisfait personne. Il est alors décidé, devant la gravité de la question, de l'écrire au tableau. Maxime se lève et écrit : Comment « transeformé » une fille en garçon ? Marc ricane et vient très sérieusement corriger la faute, trouvant ainsi, dans la position du donneur de leçon, une distance acceptable par rapport à la crudité du thème.

Après un temps de flottement, un des garçons, faisant semblant de tenir un micro, annonce : « Vous aurez la réponse après la météo qui prévoit un temps variable. ». Ainsi poursuivant, à la suite de Marc, le mouvement de secondarisation défensive, nous passons du changement de sexe au changement de temps.

À la fin de la séance suivante, comme pour tenter d'émerger de l'indifférenciation, ils s'interrogent sur leurs différentes classes, ce qui aboutit à se demander dans quelle classe serait le thérapeute. Marc, d'un air sentencieux s'exclame : « Il est Docteur ! » Il est alors question de son âge : « Soixante ans. » dit Louis (l'âge de son grand père). « Non, dit Gérard, il est plus jeune. » Maxime est perplexe, il trouve ses moustaches bien blanches. Mais, comme si tout cela risquait d'accentuer trop les différences, il est décidé qu'il aurait dix ans comme eux. Il se fait alors, intérieurement, la remarque que s'ils ont tous le même âge, et s'ils peuvent transformer les filles en garçons et les garçons en filles, il n'y aurait aucune différence entre eux. Il leur dit alors, puisque le temps de la séance est écoulé : « Nous nous retrouverons la semaine prochaine, tous ensemble et tous pareils ! » Ils sortent en riant.

La semaine suivante, c'est en parlant de couleurs que le thème de l'indifférenciation s'exprime : ils préfèrent tous le bleu, et Marc explique que le blanc et le noir ne sont pas des couleurs, mais des nuances que le gris annule.

L'illusion du tout pareil et de la toute puissance sera de courte durée... Bien sûr, les autres sont mauvais, que ce soient les élèves de leur classe ou les enseignants : « Ils sont tous pourris, l'école est pourrie. Dans ma classe, dit

Maxime, il n'y a que des ratés mental ! Les professeurs, les directeurs c'est fait pour nous embêter... » Comme si la force des mécanismes projectifs s'épuisait, le groupe se déprime peu à peu : et s'ils étaient, eux-mêmes, les ratés ? Un jour quelqu'un avait bien dit que « seuls les cinglés allaient voir un psychiatre ». Dans un sursaut maniaque, le groupe conserve sa cohérence en se mettant à chanter à tue-tête : « On est des tarés, on est des tarés ! » Gérard : « On est une équipe de tarés ! » Kathy et Élyse se mettent à écrire tous les noms au tableau avec des fautes. Marc se lève, efface et dicte tous les prénoms correctement, incluant l'adulte dans l'équipe : marc, gerard, maxime, Mr privat, élyse, kathy, louis.

Un peu plus tard, quelqu'un fait la remarque que tous ont parlé de leur classe, sauf Monsieur Privat. Maxime demande : « Comment tu trouves ta classe ? » Marc reprend : « Votre CMPP ? » Lui : « Qu'est-ce que je pourrai répondre ? » Tous en cœur, comme pour se rassurer : « Que le CMPP c'est bien ! » Kathy l'écrit au tableau et, dans un dernier mouvement de restauration narcissique, un autre enfant corrige la liste des noms en mettant des majuscules, sauf au sien : Monsieur privat.

Avant de se quitter, ils vont tous lui serrer la main.

Produire ensemble

À la séance suivante, ils parlent de leur travail scolaire, écrivent des mots au tableau, se corrigent. Élyse sort de son silence pour dire qu'elle est bonne en orthographe et moins timide. Louis écrit : Il était une fois... Le thérapeute dit alors qu'on pourrait, en effet, écrire une histoire, tous ensemble.

Tout le groupe se met au travail, un vote est proposé pour choisir les mots et cela aboutit à : *Il était une fois un homme jeune-vieux qui veut aller aux toilettes, mais comme il y en a pas, il fait sur sa voiture.* Kathy écrit, Maxime proteste : « Faudrait qu'il soit fou ! » L'occasion leur a été donnée, par cette invitation à écrire une histoire, d'exprimer des affects négatifs à l'égard du thérapeute et, par la même occasion, de réintroduire la différence de génération, et la sexualité adulte en la tournant en dérision.

Quelques séances plus tard, Kathy parle de ses cours de catéchisme et pose la question : « Qui est croyant ici ? » Seul, Gérard répond affirmativement, les autres se disent laïques mais lui demandent ce qu'elle apprend au catéchisme. Elle se lève et écrit sur le tableau en posant la division : Joseph sur Marie égale Jésus. Personne ne fait de commentaire. À la séance suivante, Kathy est accueillie par un retentissant « Bonjour Madame la curée ! » Elle se précipite au tableau et écrit : Marie égale maman, Joseph égale papa, Jésus égale bébé. Maxime efface.

Kathy se précipite à l'autre bout de la pièce suivie d'Élyse et elles décident d'écrire une histoire : *La belle princesse*. Pendant ce temps, Gérard et Marc

reprennent : *Il était une fois un jeune vieux...* De son côté Louis écrit : *C'est une pauvre femme qui puer du cul*, mais cela n'éveille aucun commentaire. Seul, Gérard va venir corriger la faute d'orthographe. À la fin de la séance, ils vont tous très attentivement écouter Élyse leur lire *La belle princesse* :
Il était une fois une belle princesse qui était perdue dans la forêt.
Soudain, un monsieur arrive dans la forêt.
Il lui demande son prénom.
— Je m'appelle Aline.
— Est-ce que vous voulez vous promener avec moi ?
— Oui, bien sûr.
— D'accord !
— On y va !
— On va aller sur le chemin de la forêt, cueillir des fleurs et des fruits.

SE SÉPARER DIFFÉRENTS

La fin du groupe approche, il est question de la façon dont ils vont se séparer. Pour Maxime : « On se dira au revoir. », pour Louis : « On divorcera ! » Exclamation collective : « On n'est pas mariés ! ». Kathy, qui comme à son habitude depuis quelque temps, exprime les préoccupations du groupe sous forme mathématique, écrit : *Femme plus Homme égale Mariage*, puis *Homme moins Femme égale divorce*. Louis, à son tour écrit *Femmlette plus Hommlette égale Mariette*. Marc note qu'il manque quelque chose et, après un moment d'hésitation, Gérard, dit « Il manque un e à H et F. » Le thérapeute demande ce que cela voudrait dire, il lui est répondu, « un petit homme et une petite femme ».
Le thérapeute : « Ce pourrait être des enfants. » Sa remarque est suivie d'un éclatement du groupe, les garçons se regroupent d'un côté, les filles de l'autre.
Lui : « On parle de filles et de garçons et voilà notre groupe divisé en deux, comme s'il était difficile d'être ensemble et d'être différents. »
Kathy rejoint les garçons, quant à Élyse elle commence à écrire une récitation vite interrompue par Louis qui récite la fable de La Fontaine, *La grenouille qui voulait être plus grosse qu'un bœuf*.
Lui : « C'est l'histoire de quelqu'un de petit qui voudrait, sans attendre, devenir grand. »
Marc : « C'est l'histoire de l'hommelette et de la femmelette ! »
Au cours de l'avant-dernière séance, alors qu'il est à nouveau question de la différence des sexes, Louis, par un geste, évoque l'acte sexuel, en disant : « Les hommes et les femmes, ça fait ça ! »

> Le thérapeute remarque qu'en effet, c'est bien une affaire de grandes personnes.
> Kathy s'écrie alors : « Non, dans mon école, les filles et les garçons s'enferment dans les toilettes, pour faire ça ! »
> Louis : « Dans la mienne, les toilettes des filles et des garçons sont séparées, mais les garçons vont chez les filles pour pisser à côté et faire croire que ce sont elles ! »
> Gérard, à son tour, très sérieux, précise que dans son école, filles et garçons sont mélangés, mais ne font pas des trucs comme ça ! Comme pour clore le débat, Kathy revient aux mathématiques et veut écrire les signes plus petit et plus grand. Elle hésite, se trompe, alors Marc, le grand, vient lui expliquer et ils écrivent : 49<51>50.

Ainsi au cours de cette séance, nous pouvons noter, qu'après l'évocation crue de la sexualité adulte par Louis, s'amorce un mouvement groupal qui renvoie à la sexualité infantile, puis à travers la remarque de Gérard, la curiosité sexuelle peut évoluer vers un mouvement plus latenciel qui débouche, en fin de compte, sur un travail de secondarisation.

À la dernière séance, il sera surtout question de la façon de se dire au revoir dans des langues différentes. Marc précisera que c'est la dernière séance, que normalement on ne se reverra plus puisque le groupe est fini pour toujours, et que dans ce cas, il vaut mieux se dire « adieu ! »

Ils vont, alors sans un mot, se serrer la main et me serrer la main en croisant leurs bras au-dessus de la table, comme si par ce mouvement, ils tissaient de leur bras un dernier espace commun.

En conclusion, quels que soient les aménagements du dispositif, soit pour des raisons institutionnelles, comme ici, soit à cause des exigences liées à l'âge ou à la pathologie des enfants, nous avons toujours le souci de nous centrer essentiellement sur un travail groupal permettant l'élaboration de ce mouvement de va-et-vient de l'indifférenciation à la différence.

Comme nous l'avons montré au chapitre précédent, nous insistons tout particulièrement sur le travail de la séparation, qui se fera toujours par un désinvestissement progressif de cet espace commun, qu'est l'objet groupe. Ce type d'approche impose, répétons-le, le dispositif particulier du groupe fermé qu'il soit, comme nous le pratiquons le plus souvent, à durée indéterminée, ou comme ici, plus exceptionnellement, à durée déterminée.

Chapitre 10

DE LA DYNAMIQUE GROUPALE À LA PROBLÉMATIQUE INDIVIDUELLE

La problématique individuelle

La problématique individuelle peut s'élaborer à partir du déploiement du processus groupal. Si elle est respectée en tant qu'entité, la dynamique du groupe fait fonction, à la fois de contenant et de point d'ancrage pour chacun. Le groupe peut se définir à chaque instant comme un champ, c'est-à-dire, un réseau transpersonnel, qui subit l'influence de l'individu membre du groupe et qui l'influence à son tour. En ce sens, la problématique de chacun peut être considérée comme une individualisation de l'histoire du groupe.

Il est important pour le psychothérapeute, de favoriser ce mouvement, où les contenus manifestes auront un écho dans l'activité fantasmatique de chaque patient. De ce fait, nous n'allons pas interpréter à chacun, comment ce commun dénominateur s'articule avec sa propre fantasmatique, mais éventuellement pointer en quoi ce qui est émotionnellement partagé par tous, peut concerner chacun.

Les problématiques individuelles sont, le plus souvent, spontanément abordées et gérées efficacement lorsqu'elles sont en résonance avec la problématique commune.

Pour illustrer notre propos, nous rapporterons les grandes lignes d'un groupe d'enfants à l'âge de la latence, groupe mixte, composé de cinq garçons et deux filles entre neuf et onze ans. Si les symptomatologies névrotiques (inhibition, phobies), voisinent avec des problématiques psychosomatiques (deux enfants sont asthmatiques), la tonalité de l'ensemble est à dominante dépressive, bien que chez trois enfants c'est avant tout l'excitation qui occupe le devant de la scène. En particulier, Lionel, qui présente, sur un fond névrotique, un fonctionnement quasi maniaque, en lutte contre une dépression familiale qui accompagne la découverte, chez son petit frère de six mois, d'une maladie neurologique héréditaire dont l'espérance de vie est de quelques mois. Ce pronostic vient réactiver le traumatisme lié à la perte d'une petite sœur, de mort subite du nourrisson, lorsque Lionel avait quatre ans, ce qui l'avait alors conduit à entreprendre une psychothérapie individuelle.

Nous avons, avec nos collègues, craint que l'importance du poids de la réalité rende très difficile la reprise d'un travail individuel. C'est ainsi que, parallèlement à une psychothérapie familiale, nous avons proposé à Lionel de participer à un groupe thérapeutique. Le risque étant, que sa problématique envahisse ce nouvel espace thérapeutique, à moins que celui-ci, comme nous l'espérions, ne serve de contenant.

L'ENTRÉE EN GROUPE

Pour tenter de rendre compte du travail qui s'est effectué dans ce groupe, qui durera un peu moins de deux ans, avec très peu d'absentéisme, tous les enfants allant jusqu'à son terme, nous en donnerons le déroulement dans ses grandes lignes, en nous arrêtant plus longuement sur les étapes qui nous ont paru les plus significatives.

> Les séances sont hebdomadaires et durent une heure. Aucun matériel n'est fourni, à part un grand tableau et des craies. Le psychothérapeute est assis avec les enfants autour d'une table.
> Après avoir énoncé les habituelles consignes sur le rythme et la durée des séances, ce dernier précise qu'ils sont tous là, ensemble, pour partager une expérience et tâcher de comprendre ce qui va se passer entre eux.

À la première séance, les enfants, comme souvent dans ce type de groupe, vont s'interroger sur ce qu'ils doivent faire ou dire en présence de cet adulte inhabituellement non-directif. Les plages de silences, plus ou moins angoissées, vont occuper une grande partie du temps.

L'attitude du psychothérapeute est déterminante dans ces débuts de groupe. Trop silencieuse, elle risquerait d'être ressentie par eux comme rejetante, mais des questions et des relances pourraient bien être vécues comme surmoïques, à moins qu'elles ne le soient comme séductrices, sinon intrusives. En effet, le psychothérapeute est avec eux, ils partagent des émotions, mais il n'est pas comme eux, il est l'adulte. Au-delà de la question : comment être ensemble en étant différent ? l'essentiel, pour l'instant, réside, par ses attitudes, son regard, ses paroles, dans la transformation de ce silence en lien, qui puisse donner à tous l'occasion de penser, de s'interroger sur ce qui les a réunis. D'ailleurs, c'est ce qui ne manque pas d'arriver ; après une sollicitation encourageante, une question se précise timidement :

« De quoi va-t-on parler ? » Nous pouvons entendre *de quoi voulez-vous qu'on parle* et le thérapeute répond :

« Nous pourrions y réfléchir ensemble. »

Tout en restant neutre, il s'efforce de prendre en compte leur solitude. En effet, l'espace groupal est fait d'inconnu et de vide, qui font le lit des projections les plus inquiétantes. Les enfants attendent de l'aide, il les invite donc à partager avec lui leur questionnement, il se désigne comme faisant partie du groupe. Ce partage définit, par là même, un espace commun du groupe où pourra se déployer une activité de pensée commune, l'adulte ayant alors un rôle, non d'oracle mais de copenseur (terme que nous empruntons à Claudio Néri (1997).

La semaine suivante, dans la salle d'attente, les enfants sont en train de se chamailler, mais aussitôt installés dans la pièce, c'est le silence. Cela dure vingt minutes, mais avec des sourires, des clins d'œil. À la suite d'une sollicitation du thérapeute, Charles remarque qu'il n'est pas facile de se parler quand on ne se connaît pas. Il est évident, si l'on pense à leur attitude dans la salle d'attente, c'est bien l'adulte qui les empêcherait de fonctionner. Dans le déplacement, Yvon va parler des autres qui, à l'école, viennent les embêter :

« Comment s'en protéger ? » Plusieurs suggestions : cogner, être indifférent, les dénoncer au maître ou se taire. Pour Thomas, les autres sont dangereux quand on les connaît trop !

L'inquiétude suscitée par la situation de groupe commence à être verbalisée et, pour s'en protéger, il faut se taire, ne pas trop se connaître et, en cas de danger, faire appel à la fonction protectrice du thérapeute.

À la séance suivante, après un mouvement régressif accompagné d'excitation, les enfants se demandent si la pièce est assez solide pour les contenir et si le chahut ne risque pas de faire écrouler le plafond.

Pendant plusieurs semaines, les enfants vont continuer à s'interroger sur ce qu'ils font là, explorant différents thèmes. Ils ont du mal à s'écouter et s'ils essayent de se présenter, c'est en écrivant chacun leur nom dans un coin du tableau, plus pour affirmer leurs différences que pour rechercher l'échange. Tout ceci donne l'impression qu'ils ne partagent rien, sinon les moments de régression, où ils font les petits.

Mort et rivalité fraternelle

C'est à cette occasion que Lionel, va, pour la première fois, évoquer la maladie de son petit frère et son hospitalisation. Françoise demande s'il est à la maternité et Charles s'écrie : « Les petits frères et les petites sœurs devraient y rester, à la maternité ! »

Cet échange est suivi d'un temps d'excitation, ils s'accroupissent et imitent la voix des bébés. Ce mouvement régressif, apparaît bien comme une expression de la menace pulsionnelle. Celle-ci se traduira, un peu plus tard, dans la réticence à continuer à venir au groupe, sous prétexte qu'ils ne sont pas assez sérieux. Il faudrait ainsi être capable de répondre à l'attente supposée du psychothérapeute que l'on relègue, alors, dans une fonction surmoïque rassurante, mettant à distance l'envahissement pulsionnel. Dans cette occurrence, ils ne sont pas en mesure de partager des représentations qui permettraient de lier leurs énergies, chacun étant encore occupé à se défendre. Progressivement, vont apparaître des tentatives de mise en commun de leurs souffrances, par le biais, soit des échecs scolaires, soit des cicatrices laissées par diverses blessures. Ces essais ne sont pas, d'emblée, couronnés de succès et ce n'est vraiment qu'à l'occasion des interruptions des séances, pour chacune des vacances, que va s'exprimer, dans la difficulté à se séparer, une ébauche de sentiment d'appartenance.

À chacune des retrouvailles, Lionel donnera des nouvelles de son petit frère dont l'état s'aggrave, comme si le vécu groupal de la perte des vacances lui permettait d'élaborer peu à peu sa propre séparation d'avec son frère. La problématique individuelle vient bien, là, se greffer sur la dynamique du groupe.

C'est ainsi que nous arriverons à la vingt-quatrième séance. Après les deux mois d'interruption des vacances d'été, tous les enfants sont présents. Nous retrouvons le thème de la rivalité fraternelle, si souvent abordé dans ce groupe, les enfants se plaignent de la gêne entraînée par les petits frères et les petites sœurs.

Cette problématique prend, ce jour-là, une intensité particulièrement dramatique. Nous venons d'apprendre que le petit frère de Lionel est mort au retour des vacances. Il n'en a pas encore été question dans le groupe.

La solidarité

Dès le début de la séance, Charles parle, comme pour faire lien avec les rencontres qui ont précédé la séparation, de sa petite sœur qui lui a gâché les vacances et propose de s'en débarrasser en la donnant en mariage à Lionel. L'agressivité fraternelle réactivée par le retour dans le groupe est ici d'autant plus affirmée qu'elle s'inscrit dans un mouvement de réparation - donner sa petite sœur en mariage - pour lutter contre la dépression liée à la séparation et à la mort. En effet, Antoine vient d'annoncer, sur un ton grave, qu'il a appris dans le journal la mort du petit frère de Lionel.

Ce dernier se bouche alors les oreilles, ce qui n'empêche pas les autres enfants de lui poser des questions concernant l'enterrement. Questions qu'il élude en répondant, comme pour mettre à distance tout affect dépressif, qu'il a préféré ne pas manquer la classe le jour de la rentrée et ainsi rester un enfant. La question de la mort est du domaine des adultes, comme va le confirmer la suite de la séance.

Les enfants vont immédiatement associer sur des deuils qui ont pu les concerner, les arrière-grands-parents pour certains, des parents éloignés ou des voisins pour d'autres, mais, il n'est fait état que de décès d'adultes âgés, l'enfant mort est mis à distance.

Par contre, Charles note qu'à la naissance, c'est parfois la mère qui meurt. L'idée intéresse beaucoup Lionel, qui va alors mimer la naissance d'un bébé tout-puissant venant au monde armé d'un revolver et qui, à peine sorti du ventre de sa mère, se retourne, lui tire dessus et la tue. Cette séquence laisse les enfants un peu perplexes, mais ce scénario semble les rassurer puisque la situation est imaginairement mieux maîtrisée.

Un peu plus tard, en jetant un regard en coin au thérapeute, il est question de condamner le mauvais médecin qui a laissé mourir le bébé... Au cours de cette séance, il est certain que l'adulte est perçu comme dangereux.

Il leur est alors fait la remarque : « On est tous très en colère après ces grandes personnes qui ont du mal à protéger les enfants. » Cette intervention, ayant pour but à la fois de prendre en compte leurs associations mais aussi de ramener le questionnement à la situation présente. Si, dans les premiers temps, le thérapeute ne peut être que protecteur, alors que le groupe est perçu comme dangereux, les enfants sont maintenant suffisamment soutenus par leur sentiment d'appartenance, pour qu'il puisse, dans cette séance où émergent les affects négatifs vis-à-vis de la fonction thérapeutique, tenter de recentrer sur la séance et ajouter : « Mais ici, va-t-on se sentir en sécurité ? »

Ramener dans l'ici et maintenant lui semble alors une bonne possibilité de tenter un travail d'élaboration collective d'une réalité dramatique, en l'intégrant au fonctionnement groupal.

Et Françoise rajoute en le fixant : « On ne sait jamais... on peut mourir dans la semaine. »

Charles : « Quand on se sépare, on ne sait jamais ! »

> Thomas : « Ce qui peut arriver ! »
> Le lien est implicitement fait avec la longue séparation des vacances et ces retrouvailles dramatiques.
> À la fin de la séance, Corinne s'écrie, comme pour se rassurer : « La semaine prochaine on se retrouvera tous vivants. » et, en quittant la pièce, tous les enfants, assez excités, reprennent alors tous en chœur dans le couloir : « Tous vivants ! Tous vivants ! »

On peut avoir le sentiment alors que le groupe des enfants a pris corps, comme si cet événement dramatique de la réalité, en permettant l'émergence de leur agressivité vis-à-vis du monde des adultes, en avait renforcé la cohésion. Ils sont maintenant solidaires et peuvent tous ensemble, « forts du groupe », focaliser cette agressivité sur le thérapeute qui ne serait pas seulement, la mauvaise mère qui aurait engendré ce groupe où il se passe des événements aussi graves, ou le mauvais médecin, qui n'a pu empêcher la mort de l'enfant, mais aussi le dépositaire de toutes leurs projections négatives.

La solitude du thérapeute

Leur agressivité va maintenant pouvoir s'exprimer clairement en ignorant leur psychothérapeute, comme si le groupe pouvait fonctionner sans lui. Si, par quelque intervention, il cherche à communiquer, les enfants lui tournent le dos sans aucun commentaire et ils se parlent à voix basse. À partir de la séance suivante, ils vont progressivement prendre l'habitude de se regrouper à l'une des extrémités de la pièce, le laissant seul assis à la table. Ce temps de mise à l'écart de l'adulte est une constante dans les groupes fermés à l'âge de la latence. La mise à distance permet ainsi d'abraser les sentiments de rivalité suscités par sa présence. Ce mouvement est sous-tendu par la tentative des enfants de fonctionner sur un mode fraternel, désexualisé, pour se défendre des potentialités séductrices de l'adulte et, plus particulièrement, dans ce groupe, de ses aspects menaçants et intrusifs.

Les séances sont pourtant très investies. Il n'y a aucun absent et pendant plus de deux mois, le thérapeute est réduit à la position d'observateur passif. Toutes les tentatives pour s'adresser à eux sont vaines. Il finit par être envahi par l'ennui, puis par des affects dépressifs. Il a beau se dire que c'est une étape inévitable du groupe, qu'il est là pour recevoir les projections négatives, qu'il remplit la fonction de « sein toilette », il n'en reste pas moins vrai qu'il trouve ces séances particulièrement pénibles. Parallèlement, les enfants semblent de plus en plus détendus, les parents de leur côté, notent une évolution favorable !

Tout se passe donc comme si les enfants avaient déposé en lui leur dépression, l'amenant ainsi à s'identifier à leur propre souffrance. En le laissant seul en leur présence, peut-être ont-ils aussi la garantie qu'il pense à eux, son activité de penser leur servant alors de contenant.

Le climat devient de plus en plus serein, ils communiquent dans la bonne humeur, jusqu'au moment où l'absence prolongée de deux enfants menace soudain le groupe dans son intégrité. Les enfants vont se rapprocher du thérapeute et se regrouper autour de la table. À ce moment, il a l'impression qu'ils manifestent le besoin de le réparer ; deux des garçons vont, d'ailleurs, alors qu'il est appuyé le dos au tableau, lui dessiner deux grandes oreilles... N'est-ce pas une façon de lui signifier qu'il doit rester un adulte attentif et vigilant ?

Peut-on penser en groupe ?

> À la séance suivante, il n'est plus du tout considéré comme dangereux mais, au contraire, suffisamment proche pour avoir ressenti les mêmes sentiments qu'eux. Ils vont pouvoir exprimer leurs fantasmes sans crainte. Le thème de la mort va ainsi, à nouveau, être abordé, mais peut-être avec plus de distance. Thomas, en parlant du décès de son arrière-grand-mère s'inquiète d'avoir pensé à elle avant d'apprendre la nouvelle - y aurait-il donc un rapport ?
>
> L'échange s'engage alors sur la réalité des pensées prémonitoires, puis des rêves. Vaut-il mieux ne pas rêver et même ne pas penser pour éviter les malheurs ?
>
> Le thérapeute, soulignant cette fois leur inquiétude : « Peut-on tout dire, ici, sans risque ? »
>
> Ils enchaînent alors sur la nécessité de garder des secrets.
>
> Thomas : « Ma mère m'a confié un secret. » Il hésite, puis ne pouvant résister à la curiosité des autres participants, il continue : « La femme de son frère aîné a dépensé tout l'argent prévu pour la pierre tombale de la grand-mère ! »
>
> La représentation de l'adulte peu fiable est de retour. Cette évocation de dépenses inconsidérées ne renvoie-t-elle pas aussi à un mouvement maniaque d'évitement du travail de deuil comme cela peut se passer dans le groupe ? C'est peut-être ce qui amène alors Lionel à s'interroger sur la fiabilité du groupe : « Moi aussi j'ai un secret mais je ne le dirai pas à tout le monde. » Peu de temps après, il demandera au consultant médecin de lui expliquer s'il peut être porteur de la maladie qui a fait mourir son frère.

> Les enfants frappés par la gravité de Lionel, en concluent, très respectueux de sa souffrance, qu'il est important de pouvoir garder en soi des idées, qu'on n'a pas nécessairement envie de partager. De cette manière, ils laissent Lionel dépositaire des pensées mortifères et des craintes qui les accompagnent, et, dans un mouvement plus objectal, ils accèdent dans la différenciation à la constitution d'un espace psychique interne.
>
> Quelques séances plus tard, ils proposeront, pour la première fois, de jouer une scène où il serait question que chacun aille consulter un médecin pour différentes difficultés : bégaiement, énurésie, dysorthographie, retard scolaire et débilité. Ce rôle de débile sera attribué, non sans malice, au thérapeute, mais le jeu s'arrêtera dans la bonne humeur avant qu'il ne soit question qu'il rentre en scène. Veulent-ils ainsi, à la fois, inviter l'enfant qui serait en lui à jouer avec eux et, en même temps, protéger l'adulte de leur agressivité ? À moins qu'en niant la différence des générations, et surtout la fonction soignante du thérapeute, ils chercheraient à nier une réalité psychique trop douloureuse - leurs propres difficultés. Mais la bonne humeur qui accompagne la fin du jeu ne montre-t-elle pas leur capacité à rire d'eux-mêmes et, par là, à prendre conscience de leurs mouvements internes ?
>
> Quelques semaines plus tard, ils vont à nouveau organiser un jeu. Cette fois, un pharmacien, joué par Lionel, devra vendre à chacun un produit pour calmer les petits frères et sœurs, et à chacun il demandera, si c'est pour le faire dormir, le faire souffrir ou le faire mourir ! Les enjeux du groupe sont ici clairement exposés, dormir pour éviter la souffrance de penser à la mort, et peut-être à la séparation liée à la fin du groupe. Le jeu est très investi par tous les enfants, comme si cette séquence donnait, par la maîtrise du jeu collectif, une représentation plus acceptable de la mort. Dans un dernier mouvement, probablement sous l'effet de leur culpabilité, et pour atténuer la contrainte surmoïque, ils demandent au thérapeute d'entrer dans le jeu, pour interpréter une grande personne qui se plaint d'un groupe d'enfants trop bruyants. Lionel, en riant, lui « donnera » une marmite de calmants en lui recommandant d'en distribuer à chacun une louche. Cette fois, il est bien question de restituer à l'adulte sa fonction de thérapeute, tout en retrouvant, grâce à l'étayage groupal, la faculté de se prendre en charge et d'amorcer ce travail de deuil qui les conduira vers la fin du groupe.

Les thèmes de mort apparaîtront encore quelques fois, renvoyant avec plus ou moins de gravité, à l'interrogation sur la fiabilité de l'adulte. Par exemple, il sera fait le récit, lu dans le journal, d'un jeune garçon qui aurait été décapité dans un accident de car de ramassage scolaire, la question de la responsabilité du chauffeur entraînant un débat. Le parallèle est facilement fait par les enfants avec l'ici et maintenant de la situation groupale. Mais bien que chacun admette qu'ici on soit en sécurité, plus tard, dans le cadre d'un jeu dramatique, l'un des enfants proposera l'histoire d'un accident survenu en classe : « Le professeur est en train de faire un cours de grammaire, il est terrassé par une crise cardiaque. » Un autre participant proposera que le directeur de l'école vienne à son secours et l'amène à l'hôpital, mais personne ne voudra jouer ce dernier rôle. N'est-ce pas là le signe du renoncement à la toute-puissance projetée sur l'adulte.

Parallèlement, la tentative est faite par certains d'aborder des thèmes à tonalité sexuelle, tel que jouer le jugement d'un homme qui aurait planté son poignard dans le ventre d'une fille parce qu'elle avait une mini-jupe. Ou bien à l'occasion de la journée du Sida,. jouer une scène chez le pharmacien, où un garçon et une fille iraient acheter des préservatifs. Ces « histoires » amenées par Corinne qui, à l'évidence, est entrée en phase pubertaire, sont rejetées, la majorité considère que cela n'est pas de leur âge et que c'est l'affaire des grands. Tout ceci renforce, sur un mode défensif, la cohésion du groupe, surtout quand un des enfants arrive un jour le genou dans le plâtre, exhibant sa castration. Chacun veut alors se l'approprier en écrivant, très consciencieusement, son nom sur l'enveloppe plâtrée.

Le groupe fonctionne, dans cette période, d'une façon plus autonome. Les jeux socialisés, très latenciels, mettant en évidence leurs connaissances, et les confrontant à leurs difficultés, sont maintenant sur le devant de la scène. Il est de plus en plus question de se séparer, mais ceci va renvoyer au risque qu'il y aurait, pour certains, que leurs parents se séparent, du choix douloureux qu'ils seraient amenés à faire d'aller vivre avec l'un ou avec l'autre.

Puis il sera question de ce qui se passera après le groupe, de la possibilité de revenir au CMPP pour être aidé individuellement pour des difficultés scolaires ou bien revoir le psychothérapeute, si on en avait encore besoin[1]. À la dernière séance, certains enfants parlent de faire la fête, avant de se séparer. Charles regrette, dans un dernier sursaut hypomaniaque, qu'il n'y ait pas de musique pour pouvoir danser, le reste du groupe acquiesce mais, globalement, la tonalité reste grave. Les thèmes qui vont dominer tournent autour du devenir de chacun après leur séparation, le passage de classe, les vacances, mais aussi des progrès qu'ils pensent avoir faits, ou qu'il leur reste à faire : meilleures relations avec l'entourage ou prise de distance, en demandant à partir en internat, atténuation des crises d'asthme, en intensité et en fréquence, mais aussi prise de conscience de la nécessité d'entreprendre un travail

---

1. Nous aurons ainsi l'occasion de revoir, dans les années suivant la fin du groupe, quatre enfants, soit pour une demande de travail individuel pour l'un, soit pour des entretiens espacés, seuls ou avec leur famille pour les trois autres.

plus personnalisé. Chacun évoque son propre devenir, l'échange se fait de plus en plus intime. Ils sont tous regroupés autour du psychothérapeute, comme si, dans ces derniers moments, il fallait resserrer tous les liens, pour que chacun puisse repartir en gardant en lui un groupe bien vivant qui leur aura permis d'affronter, tous ensemble, la douleur de la séparation et de la mort.

Chapitre 11

GROUPE, ABANDONNISME ET SÉPARATION

Rendre le manque supportable

Depuis de nombreuses années, nous nous occupons d'enfants présentant d'importantes carences narcissiques, souvent désignés du vocable « d'abandonniques ». La prise en charge de ces difficultés nous a bien souvent confrontés aux limites de la cure psychothérapique individuelle.

En effet, la nature très particulière de certaines séances, qui parfois ressemblent davantage à des corps à corps qu'à des face-à-face, nous conduit à penser que ce qui sépare l'abandonnique des fantasmes d'abandon propres à tous les névrosés est à rattacher au caractère réel, donc traumatique, d'un délaissement. Le mouvement défensif qui conduit à idéaliser l'objet externe, suscite de nouvelles angoisses de séparation avec la crainte de perdre le contrôle de la satisfaction, d'où l'importance des défenses maniaques qui viennent masquer la dépression sous-jacente. L'enfant cherche à s'approprier l'objet, à s'identifier narcissiquement à lui, à le considérer comme une partie de lui-même.

Le caractère narcissique de la relation d'objet rend ainsi difficile le déploiement du transfert et, par là même, ce type de fonctionnement, où domine l'identification projective, fait courir le risque qu'une interprétation donnée en terme de libido d'objet soit, non seulement inopérante, mais bien souvent ressentie comme intrusive.

Chez ces enfants, l'essentiel de la pathologie réside dans leur incapacité à gérer les séparations du fait de l'absence de représentation. Ceci les conduit, à agir leur souffrance, faute de pouvoir la penser, ce qui, bien sûr, ne peut qu'entraver l'élaboration de leur dépression.

Leur rapport traumatique aux objets externes, en particulier la carence de « l'objet primaire », ne leur a pas permis de mettre en place les introjections suffisantes pour constituer un narcissisme capable d'élaborer les fantasmes destructeurs liés à l'absence. Les ratées de l'introjection d'un objet maternel contenant ne permettent pas à l'enfant d'appréhender une situation nouvelle sans avoir à s'accrocher à l'objet réel, par crainte que ce dernier soit détruit en son absence et devienne persécuteur.

Très précocement, les déficiences de leur système pare-excitations ont perturbé l'accès à la position dépressive. Le clivage du moi entraîne un fonctionnement en identification projective ayant pour conséquence de pérenniser la fusion entre le sujet et l'objet. L'angoisse de séparation est ainsi évitée, mais aussi le sentiment de dépendance à l'objet.

En revanche, s'est organisée, comme le souligne G. Bayle (1991) une dépendance au réel qui joue le rôle de contre-investissement prothétique et de « bouchon » d'un soi défaillant. La perte peut alors se traduire par l'émergence d'angoisses psychotiques. Pour exemple, nous évoquerons la fin d'un entretien avec Joëlle, une fillette de six ans qui, au moment de la séparation, et sans un mot, va se mettre la main dans la bouche et se déchirer à l'intérieur jusqu'à se faire saigner.

Cette vignette ne peut que nous évoquer le comportement décrit par F. Tustin (1981) chez des enfants autistiques qui renverrait à « la béance du trou », cette bouche avide qui n'a pas pu s'accrocher avec le mamelon-bouchon, orifice qui menace d'engloutir et d'y tomber sans fin... Elle évoque surtout les enclaves autistiques décrites par cet auteur chez des personnalités névrotiques ou états-limites.

Ces remarques nous suggèrent que tous les efforts de ces enfants vont tendre à leur éviter d'être confrontés à cet effondrement, en entretenant l'illusion de ne jamais devoir accéder à la solitude. Le travail en groupe reprend cette illusion à son compte, en considérant que le groupe peut être investi comme objet, lieu d'investissements primaires et d'identifications narcissiques, porteur d'une imago primordiale idéale, parfaitement contenante. Le travail sur le groupe, sur sa constitution en tant qu'espace ayant un dedans et un dehors, participe à ce mouvement de mise en place d'une enveloppe limitante qui va permettre d'aménager un espace de pensée, une aire de symbolisation.

Nous considérons alors le groupe comme un contenant, réparateur d'un *holding* initial défaillant. La relation d'objet naissant de la possibilité d'élaborer la séparation et d'introjecter les objets perdus, le travail sur l'objet-groupe tel qu'il a été conceptualisé par J.-B. Pontalis (1968), va, nous le supposons, permettre la reconquête fantasmatique de l'objet maternel idéalisé, dans un mouvement collectif où domine l'omnipotence, que nous pouvons apparenter à ce qui a été décrit dans l'illusion groupale. Dans un second temps, le travail autour de la désillusion pourra conduire à son renoncement. Ce travail, comme nous allons le voir, correspond à une perte de l'illusion de « l'objet crée » c'est-à-dire, du groupe en tant qu'objet tout-puissant. Mais le manque n'étant maturatif que s'il est supportable, l'ambition du travail en groupe consistera à élaborer progressivement son désinvestissement.

L'absence, la séparation, l'abandon, la perte, sont des thèmes d'autant plus présents que dans ces groupes fermés, la permanence du cadre s'appuie sur la stabilité du dispositif. Ce sont ces mêmes capacités contenantes, sollicitées chez les thérapeutes et dans l'institution, que nous voyons d'emblée à l'œuvre dans la préparation du groupe et dans la mise en place du dispositif. Le couple institution-thérapeutes (*cf.* chap. 12) sera donc le premier contenant auquel devra être associé un travail avec les parents ou les familles d'accueil, dans les structures qui pratiquent la cure ambulatoire avec des enfants. C'est au prix de ces emboîtements gigogne que chacun pourra se sentir contenu, et assurer auprès des enfants la garantie minimum d'une continuité, pour éviter de les confronter, une fois de plus, à des angoisses dépressives catastrophiques.

Le travail en groupe a pour objectif, en leur ouvrant l'accès aux représentations, d'aider ces enfants à surmonter leurs inhibitions au travail de pensée et de symbolisation. En effet, la reconstitution d'une néo-histoire au sein du groupe en introduisant le mythe de l'abandon pourra rendre pensable ce qui ne l'était pas.

Sept enfants et deux adultes[1]

Le groupe que nous allons présenter est constitué de sept enfants de quatre à sept ans dont trois, Joëlle, Rikaya et Jérémie dépendent de l'Aide sociale à l'enfance. Leur symptomatologie est de type abandonnique, comme celle de Valère, retiré à sa mère alcoolique et confié à son père. Les premières viendront accompagnées par leur assistante maternelle, Valère par une tante. Dorothée et Charlotte souffrent d'inhibitions importantes, probablement de nature prépsychotique ; elles seront accompagnées, toutes les deux, par leurs parents. Quant à Jean-Paul, atteint d'une grave comitialité, il s'accroche à des rituels autistiques. C'est un enfant qui vit seul avec sa mère, dans une relation quasiment symbiotique. Tous présentent un retard important des apprentissages, hormis Joëlle qui termine son cours préparatoire.

Tous les enfants ne sont pas exclusivement abandonniques. En revanche, tous peuvent être considérés comme relevant d'une pathologie des limites, avec des expressions symptomatologiques variées.

Un couple de thérapeutes conduit le groupe. Les séances durent une heure, elles ont lieu deux fois par semaine. Parallèlement à l'une des deux séances, une réunion animée par un autre collègue, analyste de groupe, accueille les accompagnants.

La pièce utilisée est de petite taille, elle contient autant de chaises que de participants, une table basse en occupe le centre. Sur celle-ci, les enfants trouvent une boîte qui contient des marionnettes, des jeux d'emboîtement en plastique, des cordes, du papier et des crayons de couleur. La pièce est entourée sur trois côtés par des tableaux noirs, quelques craies sont mises à leur disposition.

Il est convenu qu'à la fin de chaque séance, tout le matériel sera rangé dans la boîte et que la pièce sera remise en état. Cette consigne permet d'aménager un temps indispensable de réparation de l'espace endommagé et de réorganisation du cadre. Les thérapeutes participeront, bien sûr, à cette remise en ordre. Pendant un certain temps, les enfants auront tendance à les laisser seuls face à cette tâche, leur participation étant fonction de leur propre investissement de l'espace groupal.

Notre intention étant de partager avec nos petits patients une expérience qui aurait un début et une fin et, de nous référer, comme nous l'avons vu plus haut, aux mouvements collectifs par rapport à l'objet-groupe, nous avons adopté, comme à l'habitude, le dispositif du groupe fermé. La durée n'est pas déterminée à l'avance, dans la mesure où le projet est d'élaborer le temps de la séparation, tous ensemble.

---

1. Groupe conduit par M. Contejean et P. Privat.

La mise en groupe

> Il est classique de dire que le groupe renvoie, au départ, à la confusion et à l'irreprésentable, avec exacerbation du sentiment de perte, ce qui justifierait la fuite dans l'agir. La mise en groupe, en effet, suscite des régressions et, de ce fait, met à jour les niveaux de fonctionnement les plus archaïques. Le groupe, en mobilisant des « ressentis » de perte d'identité, sollicite les parties indifférenciées de la psyché. Cet effet d'amplification révèle des fonctionnements en identification projective, voire à un niveau plus archaïque, en identification adhésive. Ceci est d'autant plus net que nous avons à faire à des pathologies plus lourdes. Cet état de désorganisation reste transitoire puisqu'il va susciter, plus ou moins rapidement, la mise en œuvre de mécanismes de défenses collectifs qui vont tous dans le sens d'une tentative d'organisation et de maîtrise dans le réel, mais aussi de représentation de ce qui deviendra le fantasme d'un objet groupe.
>
> Au cours des premières séances, les enfants acceptent bien difficilement de quitter leur accompagnant dans la salle d'attente. À peine entrés dans la pièce, comme paniqués par une impression de vide, chacun va « s'accrocher » à un élément du dispositif matériel. Les uns s'agrippent à la poignée de la porte, d'autres se précipitent sur la boîte, d'autres encore sur les fenêtres et, à l'instar de Jean-Paul, font claquer les vasistas. Puis, très vite, comme s'il fallait de toute urgence remplir ce vide, ils se mettent à faire du bruit par tous les moyens à leur portée : cris, claquements, coups sur les murs, etc. Nous pouvons parler là de véritables projections des éléments persécuteurs, liés à l'angoisse de la mise en groupe. Après un moment de chaos, pendant lequel la solidité des murs et de l'institution est mise à l'épreuve, ainsi que la capacité des adultes à les contenir, les enfants vont spontanément évoluer vers l'appropriation d'un espace sonore commun, qui non seulement remplit le volume de la pièce, mais va progressivement s'orienter vers l'organisation d'une limitation par la rythmicité des bruits et l'apparition de mouvements mélodiques. Ceux-ci cessent alors d'être perçus comme agressifs par les thérapeutes qui se sentent portés par ce mouvement collectif.

Nous pouvons, dans cette séquence, parler d'accrochage au réel, et plus précisément au perceptif. En effet, l'apparition de la rythmicité, véritable compulsion de répétition, est bien le moyen *minima* d'élaborer ces angoisses agoraphobiques provoquées par la confrontation au vide du groupe. Comme si la rythmicité devenait une règle partagée qui permettait de vivre tous ensemble, autant pour les enfants que pour les thérapeutes.

La transformation de l'excitation en mouvement rythmique, par son caractère contenant, évoque une tentative d'organisation d'une enveloppe sonore groupale qui vient colmater les failles individuelles réactivées par le temps de séparation d'avec les accompagnants et la confrontation avec l'inconnu du groupe. À ce niveau, la référence au contenant externe renvoie, comme le souligne D. Houzel (1987) à cette qualité d'attracteur, attirant toute la sensorialité d'une façon indifférenciée, puis, dans un second temps, organisant cette sensualité confuse dans une enveloppe rythmique.

L'INTERPRÉTATION GROUPALE

Sans aucun doute, le dispositif du groupe fermé permet plus aisément le repérage des différents mouvements groupaux et leur éventuelle élaboration interprétative en référence au cadre thérapeutique groupal. Si le groupe en soi s'avère contenant pour les contenus qui y sont projetés, il n'en reste pas moins que seule l'intervention interprétative est garante d'un travail psychique.

Le cadre groupal est fait pour accueillir les transferts groupaux pré-objectaux et non les transferts individuels pris indépendamment les uns des autres, ce qui suppose un type d'écoute différent de celui de la cure individuelle. Toute interprétation qui privilégie l'individu risque d'aller à l'encontre de la mise en place des fonctions limitantes et contenantes du cadre, et peut être ressentie comme plus menaçante qu'aidante, devenant, de ce fait, source d'excitation. L'espace analytique groupal en constitution n'est en effet pas encore en état de supporter ce qui accentue les différences et, par-là même, les sources de conflits.

En revanche, l'interprétation groupale a un rôle pare-excitant, elle favorise l'élaboration des transferts sur le cadre, voie d'entrée dans le processus analytique et soubassement sur lequel pourra se développer et s'élaborer le transfert sur les psychothérapeutes. Nous donnons, comme exemple, la dix-neuvième séance.

> En dépit des tentatives répétées de la part des enfants pour organiser des échanges, en particulier de Joëlle, l'aînée, qui cherche à s'imposer comme un leader autoritaire, que de celle des thérapeutes qui essaient de donner sens à ce qui se passe, les attaques du cadre restent prédominantes. Valère, le plus jeune, qui, depuis le début a de grosses difficultés pour s'intégrer au groupe, est toujours très agité et se bat avec Jérémie. Quant à Jean-Paul, surnommé « celui-qui-pleure », il passe une partie de son temps à se plaindre et à demander le secours des adultes, tout en

provoquant les autres quand d'aventure personne ne s'occupe de lui ; les autres enfants sont dans l'imitation plus ou moins passive. Dès le début de la séance, les filles dessinent sous le contrôle de Joëlle, les garçons se battent, bientôt rejoints par Rikaya et Joëlle. Tous se mettent alors à crier à tue-tête « merde, caca, crotte »... Jean-Paul, dans un moment d'excitation jubilatoire, vient se frotter contre le thérapeute en criant : « La colle. » Pendant ce temps, Joëlle se plaque sur le ventre de la thérapeute. Les autres enfants, de plus en plus excités, tournent, autour jusqu'au moment où le thérapeute, confronté à cette excitation généralisée, qu'il ressent comme une véritable intrusion maniaque, donne aux enfants cette interprétation :

« On est tous très en colère, comme des enfants qui voudraient rentrer à l'intérieur d'une maman-groupe pour y attaquer tous les bébés qui la remplissent et qui empêchent Mme C. et Monsieur P. de s'occuper de chacun de vous. »

Jean-Paul reprend, avec un sourire attendri, mais toujours aussi excité : « Dans le ventre comme une petite crotte. » Le thérapeute rajoute, pour ramener à l'ici et maintenant groupal et soutenir l'effet de contenance :

« Pour nous, ici, les enfants ce ne sont pas des petites crottes et nous pensons que nous pouvons être bien tous ensemble. » Ainsi, il a pu détoxiquer ce vécu d'étouffement, de trop serré qui est associé à tout mouvement d'intrusion. La réponse de Jean-Paul montre, en fait, que l'interprétation, en fournissant la figuration contenante d'un ventre maternel, a eu un effet calmant et, surtout, elle va donner matière à penser. En effet, les enfants, intéressés et rassurés, se calment, se regroupent progressivement autour de la table et dessinent des maisons. Valère, de son côté, s'assied par terre en se tenant la tête, comme abasourdi. Après un moment d'immobilité, il se lève, rejoint les autres, prend un crayon et se met à dessiner, puis à montrer à Jérémie comment on fait une maison. Un peu plus tard, Jean-Paul, qui s'est construit un petit violon avec les emboîtements en plastique, se met à fredonner avec Joëlle et tous, détendus, dansent et chantent en mesure. À la fin, ils ont du mal à partir, trouvant que la séance est trop courte.

Malgré l'exemple choisi, nous restons toujours très prudents par rapport à ce type d'interprétation, bien qu'il puisse avoir l'intérêt de permettre, dans ce chaos, aux psychothérapeutes de survivre psychiquement. Cependant, le risque serait, qu'au lieu de contenir, puis d'élaborer les affects persécutifs, ce dernier évacue, en miroir, le trop plein d'excitation qui l'envahit. Il deviendrait alors, à son tour, persécuteur, dans un mouvement proche de la contre-identification projective. Seule, l'écoute empathique du climat dépressif sous-jacent du groupe, permet d'avoir une attitude bienveillante et d'intervenir sur un mode contenant, en résonance avec les besoins affectifs des enfants.

Dans ces conditions, l'interprétation peut permettre de lier l'excitation et donc de contenir les débordements et les risques de destruction.

Nous voyons ainsi, qu'en fin de séance, la rythmicité n'est plus seulement utilisée dans un but défensif comme lors de la première séance, mais elle introduit un moment de plaisir partagé, non seulement par les enfants mais aussi par les thérapeutes.

Outre l'effet pare-excitant de l'interprétation sur le groupe, il est à noter son rôle intégratif au niveau individuel. Valère, par exemple, non seulement retrouve une place parmi les autres, mais va également se rassembler, comme s'il avait pu, contenu par l'enveloppe groupale, mettre en place une enveloppe psychique individuelle plus limitante. Il est, d'ailleurs, beaucoup moins agité dans le groupe et peut faire part de ses craintes et se déprimer quand une des fillettes refuse de lui donner un dessin que Joëlle avait fait pour lui. Son père nous apprendra plus tard, que depuis cette séance, il rêve.

> Par la suite, se confirme le travail d'exploration des limites et de la capacité contenante du cadre matériel. La boîte, elle-même vidée de son contenu, sert de refuge et parallèlement, les tentatives de mise en place de jeux collectifs se multiplient. Les interventions des thérapeutes vont, dans cette période, comme nous l'avons vu dans les chapitres précédents, favoriser la constitution de l'espace thérapeutique groupal. La constitution de ce cadre est indissociablement liée à un travail préalable sur le contenant avant la prise en compte des contenus.

L'APPRENTISSAGE DE LA SÉPARATION

En groupe, l'émergence des thèmes d'abandon, contrairement à ce qui se passe en individuel, prend des formes plus variées et donc plus mobilisables, du fait même de leur mise en circulation fantasmatique.

> Pour exemple, la chanson de François Feldman, fredonnée, puis chantée par Jean-Paul et Joëlle, évoque clairement la quête identitaire consécutive à l'abandon d'un petit enfant par sa mère : « Tu écris ton nom sur les murs. Tu voudrais jouer les durs. Mais il y a quelqu'un qui te manque. Pleure pas, petit Franck, elle est partie le jour de tes quatre ans », qui deviendra plus tard « le jour de tes dix ans », n'est-ce pas là le moyen de préfigurer ce qui pourrait être la fin du groupe ?
> Cette chanson revient pendant très longtemps comme un *leitmotiv* dans le groupe. Elle accompagne le jeu des bébés abandonnés, des parents disparus, du père mort, du loup qui enlève les enfants quand la mère est occupée ailleurs... Scénarios qui peuvent à chaque fois être soumis à l'interprétation transférentielle et permettre un travail élaboratif. Leur intensité

en est accentuée, nous semble-t-il, par la problématique liée au fonctionnement en groupe : les absents qui menacent le groupe, mais aussi les accompagnants qui rechignent à nous conduire les enfants, ces attaques alimentant le fantasme de destruction du groupe. L'important reste que la réalité ne vienne pas alimenter cette fantasmatique.

En d'autres termes, la dynamique propre au groupe fermé vient faire écho à la problématique des enfants. C'est en quoi le groupe peut bien être considéré comme un pourvoyeur de représentations. Ceci sera brièvement illustré par l'évocation des différentes figurations de l'angoisse de séparation et, plus tard, de son élaboration au cours des cent-cinquante séances qui ont marquées la durée de ce groupe.

Les premières absences ne firent que relancer les thèmes persécutifs et accentuèrent les difficultés qu'avaient les enfants à quitter les « mères » accompagnantes. Les réticences de celles-ci étant, bien sûr, prises en compte et travaillées dans leur propre groupe.
C'est à la dernière séance avant les vacances d'été, précédant donc la première séparation, qu'ils vont, en fin de séance, se maquiller tous avec des craies de couleurs vives, comme pour signer leur appartenance au groupe et, par-là même, se donner une enveloppe commune qui permettra de se séparer en emportant chacun une représentation rassurante du fonctionnement groupal. Ce mouvement peut être compris comme les prémices de l'intériorisation d'un bon objet groupe contenant.
Mais, à la rentrée de septembre, l'objet groupe trop longtemps absent est devenu, comme les thérapeutes, un mauvais objet présent et les abandonniques voudraient abandonner. Mais cela ne dure pas. Très vite, en reprenant les jeux antérieurs, les enfants vont répéter la courte histoire du groupe ; des maisons seront construites avec les chaises, et ils tâcheront ainsi de se rassembler, les cordes leur servant à s'attacher ensemble.
Plus tard il s'instaure une série de jeux d'exclusion : être dedans, être dehors. Ceci se traduit par la mise à l'écart des adultes, les enfants s'enfermant seuls dans la pièce. L'aspect répétitif du jeu va permettre de leur montrer qu'ils veulent faire éprouver aux deux thérapeutes ce qu'ils ont pu ressentir avec l'arrêt des vacances.
Le mouvement transférentiel objectal sur les deux thérapeutes a donc pu s'organiser en s'étayant sur la construction d'un espace groupal, délimité et encadrant. L'interprétation donnée aura pour effet de susciter un rapprochement qui se traduira par des jeux de cache-cache. En se glissant sous la moquette, ils entraînent, dans une séquence psychodramatique, les psychothérapeutes à devenir des parents à la recherche de leurs enfants, ce qui aboutit à des retrouvailles jubilatoires. Mais, à l'approche de nouvelles vacances, voici les enfants qui les attaquent en se transformant en animaux dangereux furieux d'être abandonnés.
Ce thème de l'abandon va être progressivement exploré. Les deux adultes, abandonnés dans un coin de la pièce, se sentent exclus et inutiles. Le

groupe fonctionne sans eux et, cette fois, ils éprouvent vraiment ce sentiment d'abandon. Pendant ce temps, les enfants, couchés par terre, sont des bébés que leur mère a abandonnés !

Au cours de toutes ces séquences, nous repérons l'amorce du passage d'une phase où l'absence suscite un état de détresse imposé par la réalité, à une autre où le travail sur la représentation de l'absent commence à devenir possible. Le manque expérimenté dans le travail psychothérapique va pouvoir progressivement favoriser la mentalisation.

Dans les mois qui suivent, on parle des parents morts ; cela devient une idée avec laquelle on peut jouer, comme protégé par le groupe. Le thème évoluera et deviendra « le papa qui meurt ». La thématique œdipienne apparaît alors plus clairement quand, profitant que le thérapeute arrive en dernier, les enfants s'enferment avec sa cothérapeute et, le laissent derrière la porte en venant cependant, dans un mouvement identificatoire, voir si, tout seul, il ne pleure pas et ainsi vérifier sa capacité à être seul.

Malgré des moments de désorganisation, les enfants fonctionnent cependant de mieux en mieux ensemble. Si les séances commencent par des activités en sous-groupe, elles se terminent par un regroupement général, plus ou moins serein. Depuis deux semaines, ils viennent s'asseoir auprès des adultes, autour de la table, et demandent à chanter. La chanson qui domine alors, reprise par tous les enfants est :

« *Une souris verte qui courait dans l'herbe,*
je l'attrape par la queue,
je la montre à ces Messieurs,
ces Messieurs me disent,
trempez là dans l'huile,
trempez là dans l'eau,
et ça deviendra un escargot
tout chaud ! »

Cette comptine (comme toutes les comptines) vise habituellement à désigner un tour de rôle, et renvoie à un fonctionnement groupal bien connu. Mais son contenu évoque, aussi, une tentative de maîtrise de la séparation par les enfants (attraper la souris), à laquelle répond la puissance des adultes dans leur pouvoir de transformation (la grenouille qui devient escargot).

Cependant, lorsque Jérémie, très écouté, improvise sur l'air de *Papa Noël*: « Petit papa quand tu descendras du ciel, tu nous porteras plein de bisous ! » il réintroduit l'image de l'adulte bienveillant.

Dans la période qui suit, il est question de naissances, de bébés, mais surtout, à nouveau, de bébés abandonnés. Quand Charlotte demande à Jérémie d'être son bébé, c'est aussitôt pour le laisser chez une gardienne, pour aller travailler... Joëlle, met en acte ce même thème : elle abandonne les autres enfants du groupe en sortant de sa poche des œufs en chocolat qu'elle mange, seule, en refusant de les partager. Valère, de son côté, tristement, se met dans la boîte à jouets, refusant d'en sortir. Ces moments régressifs sont suivis défensivement par une excitation qui s'exprime dans une certaine violence. Par exemple, sollicité par Jérémie, Valère se précipite sur lui en lui donnant des coups de pied.

Les interventions des thérapeutes vont alors, à partir de ce vécu dépressif, mettre l'accent sur la difficulté, pour tous, à supporter ces idées où il est question d'abandon et qu'il est peut-être plus facile de les oublier en faisant, chacun, comme s'il était déjà tout seul. Joëlle, en mangeant tout le chocolat, Valère, en s'enfermant dans la boîte. Les enfants vont alors tenter d'organiser un jeu tous ensemble, sans y parvenir, jusqu'au moment où Jérémie, qui s'agite, se saisit de la corde et commence à s'entourer avec. Il réclame, en référence à une séance précédente, à jouer au « saucisson ». Les enfants vont alors se précipiter, l'attacher et le mettre dans la boîte. Il est ravi, se sentant contenu, il se laisse faire, entouré par les autres, maintenant plus détendus. Quand l'heure de la fin de la séance arrive, ils ont du mal à quitter la pièce.

À l'approche des vacances de printemps, Charlotte va annoncer son prochain départ ; sa famille doit déménager en juillet. Les enfants l'écoutent gravement, surtout quand elle dira qu'elle regrettera de quitter les enfants du groupe, parce qu'elle les aime beaucoup. Valère, entre autres, marque alors son étonnement à l'idée qu'on pourrait l'aimer. Il est alors question de la fin possible du groupe, mais si Joëlle parle de quitter le groupe, comme Charlotte, le désir de continuer se manifeste néanmoins, sur un mode régressif. Rikaya, quand tout est rangé dans la boîte, va la vider, et Jérémie va s'installer dedans et refuser d'en sortir.

Au retour des vacances, les enfants sont tous là. Ils ont du mal à fonctionner ensemble, cherchent à nouveau à se coller à chacun des thérapeutes, moins excités, plus déprimés. Il est toujours question d'arrêter, mais le groupe butte toujours sur la difficulté de penser la séparation, comme si on voulait à la fois se séparer et rester collés ensemble. L'interprétation en sera donnée, sans succès, les séances se répètent toutes semblables. Tour à tour, dans un mouvement régressif, les enfants cherchent à venir sur les genoux des thérapeutes, puis les ignorent. Ceux-ci ont l'impression que chacun essaie de les accaparer entièrement, comme s'ils attendaient de leur part des gratifications qu'ils seraient incapables d'apporter. Ceci sera répété pendant plusieurs séances, comme accentué par la séparation des vacances de printemps que le groupe vient de vivre. L'excitation monte, les rares tentatives d'organisation des enfants échouent et les interventions des thérapeutes restent sans effet. Ils vivent, tous les deux, le même sentiment d'abandon et d'incompréhension en écho avec ceux qu'éprouvent les enfants. Les voici l'un et l'autre dans l'incapacité de penser, envahis par la problématique dominante du groupe. Chacun attend de l'autre une aide, une compréhension qu'il est alors incapable de fournir.

Si les difficultés rencontrées dans l'analyse intertransférentielle du fonctionnement du couple thérapeutique entravaient leurs capacités détoxiquantes, les enfants feraient revivre au groupe ces affects bruts sur un mode répétitif sollicitant, aussi longtemps que nécessaire, cette fonction élaboratrice.

En revanche, si la fonction analytique du couple est préservée, non pas seulement en essayant de comprendre et d'expliquer d'où viennent ces mouvements, qui ou quoi en est à l'origine, mais surtout en saisissant les possibilités qu'offre la dynamique groupale, les thérapeutes pourront relancer le processus, intervenir, en ne figeant pas un affect négatif qui deviendrait persécuteur pour tous.

> Le thème de la séparation va être clairement évoqué à la dernière séance avant les vacances d'été. Charlotte fait ses adieux, dessine sa future maison de Saint-Nazaire, dit qu'elle n'oubliera pas le groupe et qu'elle y pensera toujours dans son cœur. Les enfants, émus, proposent de se maquiller, comme lors de la première séparation du groupe. Cette fois, ce ne sera plus dans l'indifférenciation : les filles seront des dames, les garçons des clowns. Puis, tous ensemble, ils organisent, en faisant un grand cercle, le jeu du facteur (équivalent du jeu de la chandelle.). Ce jeu a pour effet de resserrer le lien groupal, mais surtout, le facteur apportant une lettre, introduit l'idée d'une possible communication à distance.
> Pour la première fois, les thèmes du départ, de la séparation et du souvenir ne provoqueront pas d'excitation. L'évocation par Charlotte de la possibilité de garder le groupe présent dans son cœur constitue bien une étape dans l'élaboration de la séparation : on peut se quitter sans se perdre, le souvenir introduit la représentation de l'absent. L'aptitude qu'ont tous les enfants, à la fois de symboliser dans le maquillage leur différenciation et, dans le même mouvement, d'organiser un jeu tous ensemble, nous semble bien indiquer que, pour eux aussi, le départ ne signifie plus l'abandon et la confusion.
> En septembre, il est question de l'absence de Charlotte. Ceci amène à parler du départ de chacun et donc de la fin possible du groupe. Joëlle propose alors de voter, par écrit, pour savoir qui veut arrêter de venir. Mais la majorité souhaite continuer.
> À partir de cette séance, nous voyons l'écriture devenir un support possible de la communication, ce qui va les conduire à évoquer leurs difficultés d'apprentissage. À partir de la proposition de jouer à l'école, plusieurs enfants voulant tenir le rôle du maître, ils évoquent leur avenir. Certains veulent devenir, bien sûr, instituteurs mais aussi médecins ou infirmières. Nous pouvons repérer là un mouvement identificatoire aux adultes, en particulier dans la reconnaissance de leur fonction thérapeutique mais aussi dans ce que nous pourrions appeler leur fonction psychopédagogique, l'espace du groupe étant le lieu d'où pouvaient naître des pensées. En effet, à partir de là, les thérapeutes sont de plus en plus sollicités pour aider les enfants à écrire, à dessiner, à organiser des jeux. Les mouvements régressifs de certains ne vont plus entraîner les autres à leur suite, au contraire. Pour exemple, lorsque Jean-Paul fait le chat, Valère et Rikaya écrivent « chat » au tableau et essaient de le soutenir pour qu'il puisse écrire à son tour.
> Dans les mois qui suivent, le langage prend de plus en plus d'importance, au détriment de l'agi. Il y a de moins en moins de décharges motrices mal contrôlées et de plus en plus souvent, au contraire, une histoire, même

succincte, inventée par les enfants avec l'aide des adultes est l'occasion d'un jeu de rôle. Dans des moments de régression, il est encore question d'histoires de bébés et de papa maman. D'autres fois, les récits permettent une mise en scène de rôles plus élaborés et différenciés. Ces jeux apparaissent, le plus souvent, spontanément, maintenant que les enfants se sentent contenus, ils ouvrent l'accès à la symbolisation et ont pour autre caractéristique de rassembler tous les participants, réintégrant certains enfants quelques fois un peu à part en début de séance.

La question de la fin du groupe est régulièrement abordée par certains mais refusée par d'autres : la reprise de jeux de l'année précédente, vient dans la répétition pour figer le temps, faire comme si on ne devait pas se quitter. En revanche, quand Jean-Paul veut sortir de la pièce, Joëlle, s'identifiant aux adultes, le lui interdit en s'écriant : « Il faut respecter la règle, sinon le groupe ne s'arrêtera pas. » Cette référence à la loi montre que les enfants ont maintenant acquis la possibilité d'accepter et de s'approprier la notion de limite définissant le groupe comme un espace pour penser la séparation. Dans le même mouvement, Rikaya demande qu'on parle de la fin du groupe. Ainsi, pendant plusieurs séances l'ambivalence persiste, s'exprimant, le plus souvent, par de l'agitation et des conflits. Ce climat d'incertitude est, par ailleurs, renforcé par la lassitude de certains accompagnants qui trouvent le temps long[1]. Les thérapeutes ont alors le sentiment que l'annonce d'une date d'arrêt serait propice à l'élaboration de la séparation, en donnant un cadre limitant aussi bien aux enfants qu'aux accompagnants. Il est alors décidé et annoncé que les séances continuent jusqu'en juin. Cette précision, donnée en début de séance, amène une sédation de l'excitation qui montre bien que les enfants sont tout à fait prêts à accueillir la représentation de la fin.

Un peu plus tard, ils dessinent un car qui amènerait tout le groupe en voyage, puis cela deviendra un jeu, le car sera figuré par les chaises. Les difficultés entraînées par le choix du conducteur finissent par s'aplanir quand il est décidé que ce car aura plusieurs chauffeurs. Les thérapeutes sont invités à se joindre au voyage, mais au dernier rang ! Ce jeu sera répétitif, mais avec des variantes. Le car finira par n'avoir qu'un seul chauffeur et, tour à tour, ils pourront occuper cette place enviée.

Tout ceci nous confirme bien que les enfants ont maintenant acquis la possibilité de s'individualiser tout en étant ensemble, contenus dans un projet commun. Ce «voyage de la séparation» reste néanmoins à effectuer, et à réussir, au cours des séances qui restent. Tout d'abord, il va se jouer autour de la porte ouverte ou fermée, du passage du dedans au dehors. Tour à tour les enfants sortent et reviennent se réfugier à l'intérieur en se resserrant les uns contre les autres, comme effrayés de ce qui les attend à l'extérieur. Ils font aussi participer les thérapeutes à ces jeux en les laissant derrière la porte, chacun à leur tour. Ce mouvement n'a rien à voir avec les sorties impulsives du début, lorsque l'on testait, dans l'agi, la contenance du

---

1. Le groupe a bientôt trois ans.

cadre matériel avant de pouvoir en intérioriser l'enveloppe. Il s'agit là plutôt d'expérimenter la capacité à se retrouver seul, mais cela ne peut être fait qu'en retrouvant, à l'intérieur, le bon groupe entier.

Nous retrouverons ce même mouvement qui consiste à préserver le groupe entier lorsque les absents devront être remplacés et leur absence annulée. Par exemple, Rikaya va, en tout point, copier les paroles et l'attitude de Joëlle, absente. Par ailleurs, à l'occasion du jeu de l'école, les enfants vont tous vouloir écrire leurs noms sur le tableau, puis sur une feuille. Comme s'ils avaient besoin de s'assurer de l'intégrité du groupe avant de pouvoir se séparer. Il nous semble là que le travail de séparation ne peut bien se faire qu'à partir d'une bonne expérience.

À quelques séances de la fin, plusieurs enfants vont demander la date de la dernière séance, ils vont alors essayer tous ensemble de compter combien il reste de fois à se retrouver. Plus tard, ils vont demander aux thérapeutes de le leur écrire au tableau. Tout en continuant à jouer à partir et à revenir, ils recopient soigneusement, sur une feuille de papier, ce qui vient d'être écrit. Puis ils s'arrêtent autour de la table « pour parler », comme le leur propose Jean-Paul. En fait ils vont se mettre à chanter, à tour de rôle reprenant les chansons du début comme s'ils revisitaient leur histoire commune. Vers la fin de la séance, l'excitation revient. Ils vont claquer les vasistas, retrouvant ainsi les gestes des premières séances, mais surtout retrouver ce mouvement rythmique qui, pour la première fois, leur a permis de fonctionner ensembles. Et, avant de quitter la pièce, ils vont tous participer au rangement et à sa remise en ordre, ce qui est nouveau.

À l'avant-dernière séance, revient le thème du voyage. Cette fois, le car doit emmener tout le monde en Normandie mais certains veulent partir avec Madame C. et laisser Monsieur P. tout seul à les attendre. Avant de partir, un des enfants va gravement venir lui offrir un radio-réveil pour qu'il ne soit pas trop triste tout seul. Jérémie, un peu plus tard, quitte le car, pour venir lui murmurer à l'oreille « pleure, on va te consoler », et tous décident, alors, de lui offrir un téléphone. Le jeu du voyage va continuer mais toute l'attention est portée sur le thérapeute, qui joue la tristesse de se retrouver seul, séparé des autres. Cette fois le jeu du téléphone va bien montrer que même éloigné on peut communiquer, mais aussi se souvenir.

À la dernière séance, certains enfants veulent reprendre ce jeu, mais cela ne tient pas. En revanche, ils se mettent d'accord, après avoir écrit la date au tableau, pour nettoyer la pièce à fond. Ils souhaitent que tout soit bien propre et en ordre pour qu'un autre groupe puisse commencer. À tour de rôle, chacun chante une chanson puis, à la fin, ils viennent gravement serrer la main des deux adultes.

Cette fois on se sépare pour de vrai !

Chapitre 12

LE GROUPE DES PETITS TERRITOIRES, UNE AIRE DE SOCIALISATION

Un espace protecteur

Nous constatons souvent, dans les débuts de groupe, que les enfants les plus jeunes, pour se protéger, ont tendance à organiser, spontanément, un espace individuel qui les met à distance des autres participants. Ils se réfugient dans une activité de dessin ou de modelage, repliés sur leur feuille de papier ou leur bloc de pâte à modeler. S'il est proposé une grande feuille commune, ils s'attribuent un territoire bien délimité par un trait de crayon vigoureux. La fonction du thérapeute est alors de les aider à franchir progressivement ces barrières pour s'orienter vers un fonctionnement collectif, comme nous l'avons montré dans le chapitre 5.

Cette notion de « territoire » paraît particulièrement intéressante. En effet, la mise en groupe provoque chez le petit enfant une angoisse importante. Il se sent abandonné, menacé dans son individualité, ce qui peut entraîner des manifestations régressives du type inhibition ou agitation. En lui proposant des limites et un encadrement protecteur, cet espace représente pour lui un lieu sécurisant, limitant de ce fait la régression.

Il nous a semblé que, pour certains jeunes enfants qui manifestent cette angoisse du groupe, plutôt dans un registre de rétention de la parole et de l'expressivité motrice, encore accentuée par la présence d'un adulte étranger, mettre en place un dispositif particulier, intégrant d'emblée des espaces pré-définis, pouvait être opérant et facilitateur.

Rédigé à partir d'un article publié en 1987 par J. et P. Privat, ce chapitre est représentatif d'une étape de notre recherche. Outre son intérêt historique, la notion de territoire nous paraît toujours d'actualité, car le fait de proposer un dispositif structuré, tel que les petits territoires a, chez certains enfants, la particularité de protéger des effets d'une régression trop intense. Cette technique permet donc un travail sur la socialisation. Ce qui n'est pas sans intérêt, en particulier lorsque, du fait de l'orientation de l'institution, de ses objectifs thérapeutiques ou de la formation des thérapeutes, la prise en charge en groupe n'a pas pour objet l'élaboration interprétative de la dynamique groupale.

La pratique qui sera décrite ici s'inspire d'une méthode utilisée par E. J. Anthony (1957) qu'il a nommé « technique de la petite table ». Elle s'adresse à des enfants de l'âge de la maternelle. Il leur propose à chacun, à l'intérieur d'un petit territoire individuel matérialisé sur une table ronde, un ensemble de jouets semblables mais de couleurs différentes (personnages, animaux, moyens de locomotion).

Du jeu individuel au jeu en groupe

Souvent, le jeu est un moyen pour l'enfant d'échapper à sa dépendance à l'adulte. Refuser de cesser de jouer, refuser de ranger ses jouets, sont des moyens qu'il utilise pour se défendre contre lui, mais aussi des moyens d'établir une relation positive avec lui et avec les autres enfants.

L'enfant qui joue tente, à chaque instant, de nouvelles expériences. La fonction de maîtrise et d'organisation du jeu doit rester présente à notre esprit. Nous connaissons, par expérience, l'importance des jeux guerriers qui permettent aux garçons de maîtriser, dans une certaine mesure, la peur. Cette activité ludique de l'enfant permet l'élargissement d'action des sphères autonomes du moi. Dans le groupe, son jeu est d'abord individuel, mais créatif. Il invente des personnages ou des objets en pâte à modeler auxquels il parle, ou bien il fait parler les personnages déjà existants. Il est rassuré, il a son espace, une place pour lui, qu'il a choisie lui-même. Et surtout, l'autre est témoin de sa créativité, ce qui est très important.

Cet enfant qui souffre de ne pas pouvoir s'intégrer au groupe classique pourra, progressivement, franchir son territoire, les limites qu'il s'était fixées, et aller vers l'autre. Ces personnages qui prendront la parole à sa place, feront face à la réalité extérieure, c'est-à-dire, les personnages des autres territoires. Il pourra, grâce à l'aire transitionnelle du jeu, laisser libre cours à ses pulsions, sans danger. Par ailleurs, son jeu, lorsqu'il en éprouvera le besoin, deviendra le jeu de l'autre et ce dernier acceptera ce jeu quand il se sentira capable de le recevoir et d'y répondre. Il naîtra alors une communication entre les membres du groupe

Dans un second temps, la technique du jeu comme en psychothérapie individuelle, par l'utilisation de son contenu symbolique, facilite l'élaboration des conflits intrapsychiques. Comme l'a montré M. Klein (1959), les petits jouets représentatifs conduisent l'enfant à extérioriser également des thèmes prégénitaux. Par exemple, monde morcelé par des limites, des barrières, où des animaux. s'attaquent sur un mode oral, comme nous le verrons dans l'étude clinique.

Ces enfants qui n'osent pas prendre la parole en classe, ici, protégés par l'espace du jeu, vont progressivement utiliser le langage. D'abord, leurs petits personnages, par la voix de la thérapeute vont parler pour eux, ils expriment plus ou moins justement leurs pensées. Ce qui va, plus ou moins rapidement, les amener à réagir, donner leur avis, exprimer leur accord ou leur désaccord. Ainsi l'inhibition du langage va doucement se lever car le plus souvent avec ce type d'enfants, il n'y a pas d'inhibition de la pensée, mais difficulté à la mettre en paroles. Le territoire, le jeu, et le groupe et bien sûr, la thérapeute, vont ainsi aider ces enfants à mettre en mots leur pensée.

NOTRE GROUPE[1]

À chaque enfant est proposé un territoire. Sur une table ronde, sont délimités à la craie des espaces égaux (ici quatre pour les enfants, un pour la thérapeute) avec, au centre, un espace commun (territoire commun). Nous disposons de cinq boîtes marquées d'une couleur différente. Chaque boîte contient un matériel pratiquement identique, correspondant à la couleur de la boîte : des cubes, de la pâte à modeler, des

---
1. Groupe conduit par J. Privat.

personnages, quelques animaux, une voiture et des barrières. Chaque enfant choisit, au début, sa couleur qu'il gardera jusqu'au bout ; la thérapeute prend la couleur restante. À ce propos, nous avons souvent noté que, presque systématiquement, c'était la couleur blanche qui était ainsi « destinée » au thérapeute. Que pourrait-on en penser ? Indifférenciation obtenue par le mélange de toutes les couleurs, la couleur blanche représente-t-elle ici la neutralité, ou peut-être la couleur du lait (maternel)? La thérapeute serait-elle la « bonne mère » qui devra allaiter les petits enfants du groupe, qu'elle a conçus ?

Dans le territoire commun, il y a une boîte contenant des craies et une éponge-feutre. Dans la pièce, il y a un tableau mural, car à un certain stade d'évolution du groupe, les enfants éprouvent le besoin de matérialiser leurs pensées, leurs discours, en dessinant ou écrivant ce qu'ils ont à exprimer. Ils se sentent, alors, suffisamment sûrs d'eux pour montrer aux autres ce qu'ils ont compris ou appris. Nous pouvons avec E. J. Anthony (1957), décrire deux stades dans le déroulement de cette technique. Dans un premier temps, chacun reste chez lui, l'imitation étant alors le seul mode de communication entre les enfants. Ceux-ci sont plutôt centrés sur la thérapeute et ont tendance à accaparer son attention. Cette dernière, par ses commentaires, accompagne l'activité des enfants en évitant de s'adresser à l'un d'eux en particulier.

Dans un second temps, des échanges apparaissent, les frontières des territoires sont franchies, les thèmes de jeux personnels commencent à empiéter sur ceux des voisins. La thérapeute, en tant qu'adulte de la situation, est là pour « servir » les enfants. Elle participe aux thèmes de jeux, ses interventions sont dirigées vers une activité commune du groupe.

E. J. Anthony (1957) attache une grande importance à la situation circulaire. Le cercle étant l'expression concrète de la distance à laquelle l'interaction des membres du groupe sera la meilleure, sans qu'ils deviennent trop anxieux ou se sentent trop éloignés.

> Pour illustrer notre démarche, nous décrirons le fonctionnement d'un groupe composé de quatre petites filles. Ce groupe a débuté avec trois enfants, la quatrième fillette n'arrivera qu'au bout de quelques semaines.
>
> Aicha est une petite marocaine de six ans, elle est la cinquième d'une fratrie de six enfants dont un frère, plus âgé qu'elle, est sourd. En cours préparatoire, elle est envoyée au CMPP par la psychologue scolaire qui évoque « un retard global, une inhibition à la parole et à l'apprentissage de la lecture ». Le rapport scolaire indique : « Enfant très présente, mais très réservée face à l'adulte, participe très peu, manque d'intérêt, et difficulté de prononciation ». Lors d'une consultation au CMPP, le père dira qu'il a

peur que sa fille ait les mêmes problèmes que son frère (sourd) c'est-à-dire, qu'elle soit « folle ». La mère ajoutera : « Aicha ne parle pas beaucoup, elle écrit mal ». Il sera également remarqué que dans les dessins de personnages, il n'y a pas de bouche. Aicha est suivie en orthophonie depuis un an, avant son entrée dans le groupe. Son orthophoniste mentionne qu'Aicha « a un bon contact, quoique réservée, qu'elle emploie la voie confidentielle pour s'exprimer avec elle, et qu'elle a besoin sans cesse d'être sollicitée, mais qu'elle répond toujours aux questions. » Au total, on pourrait parler d'immaturité et de fonctionnement psychologique encore très sexualisé, gênant les investissements cognitifs.

Anita a six ans. Elle a également un frère aîné sourd. Elle est en CP d'adaptation. Elle est envoyée au CMPP par la psychologue scolaire qui parle « d'immaturité et de retard de langage ». Le rapport scolaire mentionne « enfant timide, renfermée en activités de groupe ». Anita parle seule à seule avec la maîtresse mais ne participe pas au groupe, où elle est dominée. Il est remarqué que le langage à l'intérieur d'un groupe d'enfants semble lui poser des problèmes insurmontables. Anita est suivie également en orthophonie depuis six mois, avant son entrée dans le groupe. Que se dégage-t-il de cela ? Anita est très phobique vis-à-vis du groupe des enfants, en revanche, avec les adultes, elle va privilégier la relation individuelle, caractéristique de la relation aux parents. C'est ce qui se passe, en effet, avec l'orthophoniste, ce qui limite la portée du travail rééducatif. Anita a cherché à reproduire avec sa rééducatrice une relation privilégiée de type œdipien lui permettant ainsi de s'attribuer l'adulte en la séduisant. Ce type de prise en charge individuelle conduit sans nul doute à des acquisitions, mais leur utilisation en classe, lors de la confrontation avec les autres enfants, reste souvent impossible. Les autres enfants sont vécus comme des frères et sœurs rivaux. En fait, elle rencontre les plus grandes difficultés à prendre ses distances en regard de l'adulte ; en d'autres termes, à faire le deuil de ses objets œdipiens. On le voit, les frontières entre la vie intérieure et le monde extérieur demeurent incertaines et chancelantes.

Nahéma a cinq ans et demi, elle est en grande section de maternelle. D'origine marocaine, elle est l'aînée de trois filles. Elle est envoyée au CMPP par la psychologue scolaire qui indique « inhibition à la parole n'apparaissant qu'à l'extérieur de la famille, peur des adultes étrangers et du groupe classe. Enfant intelligente. » La famille vit repliée sur elle-même. La mère a très peu de contacts avec l'extérieur ; elle ne parle le français que d'une façon rudimentaire. Le père, en France depuis longtemps, est bilingue. Entre eux, les parents parlent arabe et s'adressent à leurs enfants, tant bien que mal, en français. Les enfants eux, ne parlent pas arabe. Cette situation renvoie Nahéma à un phénomène d'acculturation qui ne va pas favoriser ses investissements cognitifs. Elle est, par ailleurs, sans cesse confrontée aux échanges des parents, dans une langue à laquelle elle n'a pas accès, comme si elle assistait en permanence à une scène primitive ininterrompue. Le père « inaccessible », elle s'identifie à cette mère muette au dehors ; en revanche, au sein de la famille, Nahéma serait bavarde et curieuse.

Carole, six ans, est en grande section de maternelle. Elle est l'aînée de deux filles. Elle est également envoyée au CMPP par la psychologue scolaire qui note : « Retard global, problèmes de latéralisation, immaturité. » Le rapport scolaire indique que « en classe, Carole ne parle pas beaucoup et emploie un langage bébé. Elle se montre très timide quand la maîtresse la sollicite en groupe, où elle est dominée. Elle manque de dynamisme, elle est lente ». Carole est suivie en rééducation de la psychomotricité depuis huit mois, avant son entrée dans le groupe. Elle montre une dépendance à l'adulte inhibant quelque peu ses possibilités d'expression que l'on devine pourtant. On peut noter un bon repérage des rôles et fonctions parentales avec des identifications, allant pour la plupart, au personnage maternel. Les situations plus spécifiquement œdipiennes font l'objet d'un évitement, mais sont, en fin de compte, reconnues.

Le groupe fonctionne depuis déjà depuis six semaines. La séance relatée ici est celle de l'arrivée de la quatrième petite fille prévue. Lors de la séance précédente, la thérapeute avait annoncé l'arrivée de Nahéma. Les enfants avaient alors manifesté leur mécontentement dans le déplacement en reprochant à la thérapeute la trop courte durée de la séance, comme si, à présent, une partie de leur temps allait être pris par cette nouvelle.

L'ARRIVÉE DE LA NOUVELLE

Nahéma arrive. Anita a apporté de chez elle un petit bonhomme semblable à celui faisant partie du matériel du groupe, comme si elle voulait montrer, elle aussi, comme la thérapeute, qu'elle avait le pouvoir d'augmenter le nombre des participants. Cette attitude, véritable formation réactionnelle, vient masquer l'agressivité des enfants face à l'arrivée de la nouvelle, mobilisant les fantasmes de rivalité fraternelle (et nous savons bien que l'introduction d'un nouveau dans un groupe induit un fantasme de scène primitive), la thérapeute ayant ainsi conçu une autre enfant. L'agressivité va s'exprimer assez rapidement. Anita s'écrie, en regardant vers l'extérieur : « Le loup, il est messant ! » Nahéma, inquiète, se tourne vers la porte. Aussitôt, Aicha reprend Anita : « On dit le loup il est méchant. » Contrairement à son habitude, Anita accepte la remarque et va répéter, non sans plaisir, « il est méchant ». Pendant ce temps, Carole s'adresse à Nahéma, qui paraît assez désemparée, et lui dit : « Ici on a le droit de tout dire mais on ne le dit pas dehors. » Puis, elle se lève et va dessiner au tableau une petite fille qu'elle dit s'appeler Nahéma, et elle ajoute : « Pas celle-là, une autre à l'école. »

Par ce détour, Nahéma est reconnue comme faisant partie du groupe. Aicha, très gentiment, lui propose de l'aider à mettre en place ses jouets. Carole lui tend l'un des siens (un petit âne). Anita lui offre, à son tour, un cheval et, comme pour s'excuser vis-à-vis des autres, précise que « c'est

> bien parce que c'est la nouvelle », Anita ayant, jusqu'ici, refusé tout partage. Nahéma, plus à l'aise, sourit aux autres enfants.
> La thérapeute n'intervient pas dans cette séance, elle se cantonne dans un rôle d'accompagnement et de compréhension du travail associatif du groupe. Si l'agressivité des enfants vis-à-vis de la nouvelle avait été beaucoup plus forte, risquant de bloquer la dynamique du groupe, elle aurait probablement été conduite à intervenir, en montrant aux enfants que l'agressivité exprimée à l'égard de Nahéma, en fait lui était destinée puisqu'elle était responsable de cette arrivée.

Que pouvons-nous dégager de cette séance ? Tout d'abord, au niveau pulsionnel, nous retrouvons un matériel prégénital constant en début de groupe, c'est-à-dire les fantasmes de dévoration (le loup). Comme nous le savons, la mise en groupe est source d'angoisse et suscite un vécu persécutif. Ceci va faciliter l'alliance thérapeutique ; les enfants vont faire appel à la thérapeute pour les protéger du « mauvais groupe » lieu de projection de l'inconnu, du vide, du morcellement. Mais cet attachement au thérapeute va devenir le support d'une fantasmatique œdipienne : la thérapeute en dehors du groupe, concevant un autre enfant, avec toute la rivalité fraternelle qui s'en suit.

Il est à noter qu'ici, les enfants vont utiliser le matériel prégénital (le loup) comme pour se protéger de leur fantasme œdipien. En ce qui concerne les défenses, nous voyons très nettement de la part d'Aicha une tentative de mise en latence du matériel pulsionnel ; en corrigeant Anita, elle renvoie au projet « pédagogique » du groupe : « Apprendre à mieux parler, à mieux communiquer ».

LA THÉRAPEUTE JOUE

Dans ce type de groupe, la compréhension des phénomènes groupaux et l'élaboration individuelle se feront essentiellement grâce à la médiation des jouets. La thérapeute va, d'emblée, donner le ton en intervenant au travers de son matériel (personnages ou animaux). Son attitude est beaucoup moins passive que celle suggérée par E. J. Anthony (1957). La participation de la thérapeute au jeu est associative. Les enfants sont habituellement intéressés par le prolongement, quelque fois inattendu, et pourtant pertinent de leur jeu, prolongement mis à jour aussi bien par l'adulte que par les autres enfants du groupe. Jouer avec les enfants, c'est être présent, attentif. Une absence de participation de l'adulte serait ressentie comme hostile et provoquerait chez eux une attitude défensive.

Au début, quand chaque enfant, pour se protéger du groupe, « s'enferme » dans son territoire en mettant en place des barrières, gardant jalousement ses jouets, elle va alors essayer de faire entrer en scène tous les membres du groupe. Elle fera, par exemple, converser son petit personnage avec celui de la boîte bleue : « Bonjour, madame, vous êtes nouvelle, vous venez de vous installer, vous avez de beaux animaux. Si vous avez besoin de quelque chose, n'hésitez pas à me le dire. » Ou : « Oh, je vois que vous avez une belle vache. Justement, la dame de la maison rouge en cherche une ; vous pourriez peut-être lui téléphoner ou aller la voir. »

Les enfants restent sur la défensive, un peu étonnés par l'attitude inhabituelle de cette adulte qui, d'emblée, se propose de jouer avec eux. Puis ils regardent ce que vont faire les plus hardis et vont tenter de les imiter. Les premiers échanges réels se font toujours en direction de la thérapeute : cela peut être une demande d'aide. Par exemple, Anita dit qu'elle ne sait pas construire sa maison, ou bien Carole vient emprunter une barrière pour mieux se protéger. La réponse est faite par un appel au groupe : « La dame rouge aimerait qu'on l'aide à construire sa maison. »

Dans un deuxième temps, bien que les barrières restent en place, une communication s'instaure au niveau du matériel. Des échanges s'amorcent, encouragés par la thérapeute : « J'ai l'impression que le cheval bleu a bien envie de rendre visite à son voisin rouge, mais il n'ose pas. » Carole reprend alors : « Il faut l'aider. » « – Comment ? » « – Il faut lui parler gentiment. » Et le cheval bleu d'Aicha ira vers le territoire rouge d'Anita. Ainsi vont progressivement naître les échanges et le plaisir de fonctionner ensemble.

Après un certain temps, nous voyons, dans chaque territoire, des couleurs se mélanger. Puis les barrières s'écartent ; quelquefois sur les traits qui délimitent les territoires, s'ouvrent des « portes de communication ». Chaque territoire aboutit dans la partie centrale de la table à un territoire commun. Cette partie de l'espace sera très tôt investie par la thérapeute comme l'aire groupale proprement dite. Comme dans les autres dispositifs décrits jusqu'ici, les interventions seront toujours groupales et non individuelles, la thérapeute ne manquera pas de ramener au groupe, de proposer une activité commune dans le territoire central.

Par exemple, Carole joue avec son chien et lui fait dire, en regardant la thérapeute : « Je voudrais un copain pour jouer. » Celle-ci, en répondant à la demande de Carole, renvoie au groupe, en proposant que tous les chiens se retrouvent dans l'espace central. Pour Carole, cet espace deviendra un stade où tous les chevaux seront conviés à faire du sport. Pour Anita, il deviendra la piscine dans laquelle les petits personnages viendront nager. Arrivé à ce stade, le groupe est constitué ; les enfants se sentent protégés par lui, suffisamment pour tenter de prendre un peu de distance vis-à-vis de cet adulte qui, en jouant avec eux, semblerait vouloir nier la différence des générations. L'agressivité des enfants va pouvoir se diriger contre lui, toujours par la médiation du jouet. Le cheval d'Anita attaque le territoire de la thérapeute, renverse ses barrières et ses animaux en disant : « Je suis énervé, alors je suis méchant. » La vache de Carole vient participer à l'attaque. Pendant ce temps, Nahéma, inquiète, se dirige vers le tableau, elle est suivie par Aicha et, ensemble, elles dessinent une grande maison : « C'est pour madame P. »

On peut voir ici, comment par l'intermédiaire du cheval et de la vache – et non par celle des personnages – Anita et Carole peuvent exprimer et élaborer leur agressivité vis-à-vis de la thérapeute. L'attitude bienveillante de cette dernière, la construction d'une grande maison par les deux autres fillettes, vont montrer que leur agressivité peut s'exprimer librement, qu'elle n'est dangereuse ni pour le groupe ni pour Madame P. Cette expression de l'agressivité sera d'autant moins culpabilisante qu'elle aura été manifestée par les animaux, permettant une voie de dégagement : les animaux sont méchants mais pas nous.

L'ADULTE DANS UN ESPACE THÉRAPEUTIQUE

Un peu plus tard, la fonction thérapeutique est reconnue à l'adulte. Les enfants, en choisissant tour à tour de jouer le rôle du vétérinaire qui soigne les animaux, vont s'impliquer personnellement en s'identifiant à cette fonction réparatrice. Maintenant que le groupe et la thérapie ne sont plus le lieu des projections agressives, le danger va se trouver projeté au dehors. Par exemple, le thème du loup derrière la porte reviendra plusieurs fois, comme pour troubler la quiétude retrouvée, mais, à l'extérieur, aussi apparaîtra l'image paternelle détentrice de la loi. Nahéma, parle de son papa qui a de grosses moustaches, Anita dit que le sien donne des fessées, et Carole rajoute : « C'est le papa du groupe. » Ainsi, la thématique œdipienne peut enfin émerger sans angoisse, beaucoup plus symbolisée. L'identification à l'adulte est devenue possible. Maintenant, au sein du groupe, une nouvelle qualité de communication s'instaure. En l'absence d'angoisses persécutrices, le groupe se définit davantage comme un groupe de travail où l'entraide est possible. On se souvient de ce pourquoi on est là : mieux parler, mieux apprendre. Chacun pourra, sans crainte, montrer au tableau ce qu'il sait faire, partager son savoir. Et, autour de la table, Aicha proposera que tous les petits personnages se rencontrent dans le territoire commun pour que « tous ensemble, ils partent à l'école ».

Chacun se sent maintenant fort du groupe : un stade est franchi.

Pour conclure ce chapitre, nous insistons sur l'intérêt de cette technique, dont les caractéristiques rassurantes contiennent l'angoisse liée à la mise en groupe et en limitent les manifestations. Ce qui justifie son utilisation dans le cadre de structures telles que les CAMPS ou les CATTP par exemple.

Par ailleurs, rappelons que, dans le cadre d'un groupe conduit par un psychothérapeute analyste, ce dernier aura toujours le souci de permettre que ce mouvement de repli individuel puisse se déployer spontanément, comme une étape élaborative. Ce qui implique, avant tout, de ne pas l'interpréter systématiquement, comme une simple résistance au fonctionnement groupal.

PARTIE 3

LES THÉRAPEUTES, LE GROUPE ET SON ENVIRONNEMENT

L A PRATIQUE des groupes d'enfants ne peut s'envisager sans prendre aussi en compte les interactions possibles avec leur environnement, c'est-à-dire, la famille ou ses substituts (groupe d'appartenance des enfants) et l'institution (groupe d'appartenance des thérapeutes).

Chapitre 13

COTHÉRAPIE OU MONOTHÉRAPIE[1]

L'IMPACT DU CULTUREL

Un des thèmes particulièrement porteurs de fantasmes et de conflictualité dans les institutions reste toujours le choix du nombre optimum de thérapeutes pour la conduite des groupes. L'interdépendance, sursignifiée dans le fantasme, entre la vie affective des individus et de l'institution dont ils font partie, trouve, en effet, à s'épanouir de façon privilégiée à propos de ce questionnement.

Dans les institutions d'enfants, les inévitables références culturelles à la famille viennent encore renforcer cette problématique. C'est ainsi que, tout à fait naturellement, celle-ci a entraîné les thérapeutes à se mettre en couple en présence des groupes d'enfants. Il s'agissait peut-être d'offrir aux enfants l'image d'un couple idéal, support de nouvelles

---

1. Déjà dans un article publié en 1985, J-B. Chapelier, O. Avron et P. Privat, à partir de la mise en commun de leurs recherches, tentaient de définir les raisons cliniques et théoriques qui les avaient amenés chacun de leur coté de la cothérapie à la monothérapie (« Groupe : un ou deux thérapeutes », *Revue de psychothérapie psychanalytique de groupe*, n° 1-2, Erès 1985, p. 85-102.)

identifications. (Mais nous pensons que l'illusion de cette représentation parentale idéale demande à être interrogée.)

Le modèle familial ne nous semble pas, en effet, pouvoir se transposer directement au petit groupe thérapeutique d'enfants. Les membres de ces groupes ne peuvent s'appuyer, comme ceux d'une famille qui se connaissent de longue date, bien avant leur rencontre avec le thérapeute, sur une histoire commune constituée. Ils ne se connaissent pas, n'ont pas de relations entre eux. Au contraire, ils vont devoir créer, en présence et avec l'aide du thérapeute, leur propre histoire et ainsi constituer le groupe. Ce n'est qu'au cours de la thérapie que les membres pourront estimer avoir une histoire commune.

Cependant, devant l'inconnu de la situation groupale, les enfants ont d'abord cherché à se raccrocher au connu de leur vie familiale et/ou scolaire. Le couple thérapeutique renverra alors plus facilement à un mode de fonctionnement familial, tandis que la présence d'un adulte seul induira plutôt un fonctionnement de type scolaire. Toutefois, si le ou les thérapeutes ne se comportent, ni comme un instituteur, ni comme des parents, cela entraînera la remise en question des défenses que constituent ces différentes représentations. Cette attitude inhabituelle va permettre la transformation de ces représentations, en confrontant les enfants à de nouvelles possibilités de relation avec l'adulte. Ils auront alors, le plus souvent, tendance, pour éviter le risque de désorganisation, à mettre en place un autre type d'organisation groupale qui leur sera propre.

En outre, la complexité de la tâche et la tendance à agir des enfants en groupe ont conduit certains thérapeutes, confondant peut-être contenance et contention, à se mettre à deux, voire à trois, pour « affronter et contenir » les enfants.

C'est ainsi que, pendant longtemps en France, la tradition a privilégié la cothérapie, ce qui semble être une spécificité des cultures latines. D'ailleurs, en lisant les auteurs anglo-saxons, il apparaît clairement que ce problème de la cothérapie n'est pratiquement pas évoqué, et la monothérapie est présentée comme une évidence.

S. R. Slavson (1953) prend cependant parti contre la cothérapie car pense-t-il :

> « Un dispositif qui prétend reproduire un cadre familial ne saurait se justifier ni théoriquement ni techniquement, car l'analyse du transfert qui est à la base du traitement ne peut que se compliquer en raison du nombre de thérapeutes, tout en diluant les investissements transférentiels. »

Bien évidemment, cette affirmation est à nuancer, mais si, comme nous l'avons vu dans le cours de cet ouvrage, nous considérons que l'analyse du contre-transfert reste peut-être plus qu'ailleurs une nécessité permanente pour évaluer les différents mouvements groupaux, tout en prenant en compte l'impact des multiples transferts à l'œuvre dans les groupes, le fait d'être à plusieurs psychothérapeutes ne peut que, bien évidemment, compliquer la tâche.

En effet, notre expérience de la cothérapie (aussi bien personnelle que lors des supervisions), nous a sensibilisés sur la difficulté que rencontrent les thérapeutes pour analyser leurs contre-réactions (contre-transfert et intertransfert), et sur les effets néfastes que peut avoir cette non-analyse sur l'évolution du groupe, celui ci agissant ce qui est inanalysé dans le couple (répétition, résistance, éclatement). En outre, le couple peut induire dans le groupe des défenses particulières en fonction des différents niveaux fantasmatiques abordés (archaïques ou œdipiens). Le vécu inconscient du couple peut, à son tour, rejaillir sur le comportement du groupe. Et nous savons bien que, très souvent, le blocage du processus groupal renvoie au point aveugle de l'analyse intertransférentielle.

Cette question reste cependant toujours difficile à traiter, d'autant plus que les cothérapeutes eux-mêmes semblent avoir la plus grande difficulté à débattre du sujet. On peut d'ailleurs en trouver confirmation dans différentes publications. Ainsi, dans un ouvrage collectif consacré au psychodrame : M. Basquin et coll. (1972), dans le chapitre se rapportant au couple thérapeutique, notent :

> « Il faut d'emblée souligner les difficultés d'une telle entreprise : elles peuvent trouver une illustration dans le fait que, parmi les groupes de travail que nous avions organisés avec certains de nos collègues afin de mettre en commun nos expériences, seul le groupe consacré au couple thérapeutique ne rencontra aucun écho. Les partenaires de couples thérapeutiques ont donc des difficultés à évoquer leur relation. On peut se demander si ce groupe de travail n'aurait pas mis fortement en question la nature des désirs les amenant à fonctionner ensemble et celle des plaisirs qu'ils éprouvent à travailler de concert. Leur répugnance à en parler pouvant se comparer au sentiment d'avoir à transgresser une loi implicite en révélant à autrui quelque chose sur une intimité partagée à deux. Derrière leur désir commun d'être psychanalystes et de faire du psychodrame se cachent des fantasmes dont la mise à jour risquerait de s'avérer dangereuse. »

De leur côté S. Decobert et M. Soulé (1984) insistent sur l'importance du « plaisir de fonctionner à deux », plaisir qui pourrait être gâché par une analyse trop approfondie des implications inconscientes qui lient les deux thérapeutes. Ainsi, ils concluent que l'analyse de la dynamique inconsciente du contre-transfert introduirait une complicité qui n'exclut pas le sadisme, ce qu'aucun couple ne peut se permettre, surtout s'il veut être heureux et libre !

La question du plaisir de se sentir réciproquement soutenu dans des phases difficiles et de pouvoir élaborer ensemble, après coup, une réflexion clinique et théorique est une considération qui, bien sûr, n'est pas à négliger. Le plaisir du travail en couple est un avantage indéniable. Ce plaisir « espéré-trouvé » selon l'expression de A. Missenard et Y. Guttierez (1985) peut prendre différentes caractéristiques, en particulier, celle d'un échange sur les expériences et les formations de chacun, ses possibilités de théoriser, ce qui permet, évidemment, des effets didactiques. Ce n'est pas un mince avantage de la cothérapie mais, si cela représente un aspect utile et plaisant pour les thérapeutes, cela risque de ne pas faciliter, à notre avis, les processus thérapeutiques des participants. Nous en avons ressenti ainsi toutes les limites, tant au niveau du groupe qu'au niveau du couple. Du fait de son fonctionnement, le couple peut, en effet, tendre à se constituer comme un groupe extérieur face à celui des enfants.

Non seulement l'activité psychique inconsciente du couple absorbe alors une grande partie de son investissement mais elle risque surtout d'être le point d'appel de défenses archaïques, aussi bien chez les psychothérapeutes que chez les participants, en vue de protéger le moi de cette activité pulsionnelle *in situ*. Ceci dans la mesure où la présence d'un couple de thérapeutes dans le dispositif groupal ne représente pas seulement la possibilité d'une surface projective de la conflictualité œdipienne, mais un lien bien réel d'interactions inconscientes, qui peut avoir l'effet d'un vécu actuel traumatique, difficilement refoulable parce que persistant dans la réalité. Dans ces moments de trop forte pression pulsionnelle, nous faisons l'hypothèse que le moi de chacun a recours à des processus régressifs favorisant, en particulier, le déni et le clivage, car le refoulement ne peut contenir l'angoisse liée à la menace de castration et à la scène primitive en train de s'organiser dans un rapproché pulsionnel intolérable.

Ainsi, nous pensons que donner à voir un couple réel ne favorisera pas l'analyse de la fantasmatique œdipienne. Au contraire, nous voyons qu'en renforçant la stimulation pulsionnelle on risque de provoquer l'émergence de défenses rigides. Où est alors l'intérêt de ce « donné à voir » ? En effet, comme le rappelle D. Anzieu (1974) :

« Il y a une différence fondamentale entre donner à voir le fantasme (séduction) et le donner à entendre (interprétation). »

DU GROUPE FAMILIAL AU GROUPE DE PAIRS

En ce qui nous concerne, depuis de nombreuses années, dans le cadre de notre recherche sur le travail en groupe, nous avons expérimenté aussi bien la monothérapie que la cothérapie et une majorité des collègues qui collaborent avec nous au sein de l'institut du CIRPPA peut se prévaloir de cette double pratique.

Tout naturellement, s'est fait jour un questionnement sur les infléchissements apportés par ces dispositifs différents, à la conduite du groupe et au déploiement du processus.

– *En premier lieu*, il semble que le fait d'être seul autorise une mobilité et une disponibilité plus grandes du thérapeute, ce qui permet d'ajuster sa distance avec le groupe de la manière la plus efficace possible. Le groupe ne peut se structurer, selon nous, qu'à la condition que le thérapeute puisse y être intégré à un certain moment et, qu'à d'autres, sa fonction d'analyste puisse s'exercer par un retrait de la vie du groupe. C'est ce mouvement oscillatoire incessant qui permet, non seulement au groupe de prendre forme, mais aussi au thérapeute d'interpréter, car ce dernier doit entrer en résonance avec les fantasmes de participants, puis s'en dégager pour pouvoir en parler. Cette souplesse permet d'effectuer ce grand écart permanent qui place le thérapeute dans la position d'être à la fois dehors et dedans. Il peut ainsi avoir une fonction maternelle contenante et une fonction paternelle surmoïque structurante et rassurante.

– *En deuxième lieu*, le thérapeute dans ce type de groupe va partager avec tous une compétence auto-interprétatrice, qui n'est pas seulement alors la sienne, puisqu'en faisant partie du groupe, il doit renoncer au rôle de savoir supposé et d'interprète unique, ce qui semble d'autant plus simple qu'il est seul.

Cependant, le vécu de tout thérapeute seul dans un groupe est encore accentué avec des enfants du fait de la différence de générations. Dans le cadre thérapeutique groupal, avec ses exigences d'aménagement d'une distance d'intervention ni intrusive ni séductrice, le thérapeute, bien que fondateur du groupe, se situe comme un copenseur avec les enfants. Cette attitude inhabituelle pour eux les amène parfois, du fait aussi de la situation régressive groupale, et en fonction des niveaux de pathologies, à des manifestations de toute-puissance mégalomaniaques, s'exprimant dans l'excitation. Ces manifestations peuvent solliciter chez le thérapeute des contre attitudes strictes ou laxistes, autoritaires ou séductrices peu adaptées à la situation. Il est alors d'autant plus important de pouvoir, dans un travail de supervision, mettre à jour et analyser ces contre-attitudes. Le problème n'est plus alors, comme le dit R. Kaës (1982b) d'être seul ou à plusieurs dans le groupe, mais à qui on se réfère ultérieurement. Il précise même qu'il y a là un mode d'existence paradoxal propre à l'analyste de groupe : sa double capacité d'être seul et en groupe, et d'en référer au groupe d'affiliation : « Il est seul, solitaire et relié, solitaire et solidaire ». L'institut de formation du CIRPPA joue ce rôle pour les formateurs qui sont, bien sûr, aussi, tous thérapeutes de groupe. Les diverses formules de supervision mises en place en son sein sont aussi un lien et une référence pour les stagiaires.

De l'influence des pathologies

Il nous paraît donc assez clair que nous ne conduisons jamais un groupe seuls. Nous pensons que le lien à l'institution est toujours présent, il est indispensable, il est un tiers qui permet la pensée créatrice. Soit il est à l'intérieur du groupe, c'est la cothérapie, soit il est à l'extérieur, c'est l'équipe, l'institution le superviseur.

Le désir d'être seul peut alors alimenter le fantasme de vouloir être seul maître à bord en compensation aux contraintes institutionnelles. Ce désir apparaît donc le plus souvent suspect à l'institution qui le rejette et peut aller jusqu'à imposer la cothérapie pour, là aussi, fantasmatiquement exercer un contrôle sur le groupe et les thérapeutes.

Cependant, nous avons aussi ressenti combien la nécessité de se mettre en couple pouvait bien être liée aux angoisses suscitées par le groupe, avant d'être sur le plan rationnel un outil didactique ou thérapeutique, rôle qu'elle remplit néanmoins aussi dans certaines conditions. La cothérapie peut donc se constituer comme une mesure de protection contre les fantasmes de morcellement et d'anéantissement associés si souvent à la représentation du fonctionnement groupal.

Naturellement, nous n'avons pratiqué la monothérapie que lorsque les appréhensions face à l'inconnu du groupe ont diminué.

Nous avons donc, bien évidemment, nous aussi, co-animé des groupes dans cette perspective défensive et nous le faisons encore, quelque fois, avec certains regroupements de pathologies difficiles à cerner.

En fait, il nous semble, pour les raisons que nous avons développées plus haut, et pour faciliter l'organisation de nouvelles relations dans le groupe ainsi que la mise en évidence d'une position particulière de l'adulte, que le dispositif de la monothérapie s'avère des plus profitables dans les cas de groupes d'enfants à l'âge de la latence et évoluant dans des niveaux de pathologies œdipiens.

De plus, la fin de cette période d'âge, appelée couramment « l'âge bête », inaugure une phase de resexualisation s'étayant sur l'analité, amenant, le plus souvent, à des comportements excités face aux adultes dont ils tournent en dérision les attitudes spécifiques : dans l'habillement, la manière d'être ou les tics de langage, par exemple. C'est une façon défensive d'appréhender et de mettre à distance la sexualité adulte. Nous pensons alors que le donné à voir d'un couple de thérapeute risque d'alimenter cette excitation, plutôt que de rendre plus aisée l'élaboration de la problématique sous-jacente.

Toutefois, la cothérapie peut être une nécessité avec des enfants jeunes fonctionnant dans le registre de l'archaïque puisque la présence de plusieurs adultes va aussi venir figurer la question du clivage. Le travail sur sa réduction sera d'autant plus opérant que la défense aura pu se déployer suffisamment en s'appuyant sur cette particularité du dispositif. La présence réelle du couple va, alors, à la fois augmenter les possibilités de contenance et permettre le travail sur les projections et les clivages.

Nous laissons ouverte la question de la monothérapie et de la cothérapie. Il est bien entendu qu'en dernier ressort la décision, nous semble-t-il, sera prise, à la fois en fonction de l'intérêt des enfants, de l'évolution des réflexions théoriques de l'équipe et de la formation des thérapeutes. Mais comme nous le verrons dans le chapitre suivant, le lien d'appartenance du thérapeute à son institution est à prendre aussi en considération de façon quasi impérative – d'autant plus que la problématique institutionnelle ne va pas manquer d'agir sur la décision de mise en place de la conduite des groupes –, la mise en couple d'animateurs thérapeutes de différente formation initiale pouvant n'être qu'un des aspects particuliers de cette influence.

Chapitre 14

LE TRAVAIL GROUPAL AVEC LES PARENTS

La consultation

Notre pratique se réfère, pour l'essentiel, à la cure ambulatoire avec des enfants accompagnés par leurs parents dans des institutions de type CMP ou CMPP.

Cependant, nous évoquerons aussi deux situations particulières, d'une part les enfants placés en institution de jour à temps partiel ou en internat et, d'autre part, les enfants placés en famille d'accueil.

Le travail dans nos institutions débute, le plus souvent, par une approche familiale ayant pour but non seulement de faire une évaluation diagnostique mais aussi de proposer, parallèlement au suivi de l'enfant, un espace de consultations régulières. La première personne ayant rencontré la famille restant son référent pendant toute la durée du traitement. En effet, l'évolution actuelle du travail en pédopsychiatrie semble de plus en plus devoir déboucher sur un consensus minimum concernant les possibles implications ou intrications des problématiques familiales dans les difficultés plus spécifiques des enfants ou des adolescents. La prise en compte de la globalité des problèmes implique donc de tenir compte de l'enfant et de son cadre familial. Le mode d'évaluation des difficultés de l'enfant doit permettre d'apprécier à la fois la problématique intrapsychique de ce dernier, et ses liens de dépendance éventuels avec l'interrelationnel familial. Bien évidemment, lorsque la dépendance est manifeste, il est impératif, tout en donnant un espace à l'enfant, de travailler au niveau de la famille. Lorsque la problématique de l'enfant apparaît être plus autonome, le suivi familial permettra d'éviter les ruptures dues aux éventuels remaniements des équilibres, consécutifs aux effets du travail thérapeutique. Ceci d'autant plus que la prise en charge de l'enfant est toujours plus ou moins perçue par les parents comme un regard critique posé sur eux, comme une remise en question de leur fonction. Nous savons d'expérience que l'évolution de la prise en charge thérapeutique de l'enfant est étroitement liée au propre investissement de cette approche par les parents. Ceci conduit, ne serait-ce que pour préserver le cadre thérapeutique, à envisager un travail d'accompagnement familial.

Si la nécessité d'un travail qui puisse les informer du projet thérapeutique, de ses modalités, et qui leur permette de s'y sentir associés s'impose donc comme un préalable, ceci n'exclut pas pour autant la dimension thérapeutique de ce travail familial.

Les enfants en institution

Lorsque les enfants sont déjà réunis en groupe de vie au sein d'un établissement de soin, en internat ou à temps partiel, les personnels infirmiers et ou éducatifs et, en particulier ceux qui sont référents de l'enfant et responsables du groupe de vie, sont concernés par l'indication du groupe thérapeutique au même titre que le prescripteur et le ou les animateurs de groupe. Le travail thérapeutique a les mêmes exigences vis-à-vis des personnes référentes de ces enfants concernant l'assiduité et la discrétion, que vis-à-vis des parents dans le cas des traitements en ambulatoire. Ces exigences seront d'autant mieux respectées que les éducateurs ou les infirmiers se sentiront partie prenante du travail thérapeutique et non exclus ou dans la rivalité. Des échanges réguliers entre ces différents partenaires responsables de l'enfant sont donc indispensables à la préservation du cadre thérapeutique et doivent être prévus dans le dispositif. De plus, les organiser en groupe permet, non seulement de faire vivre aux participants une expérience les rapprochant du vécu des enfants, mais aussi d'accéder à une meilleure cohésion institutionnelle.

Les familles d'accueil

Les enfants placés en famille d'accueil, sous la responsabilité de l'Aide sociale à l'enfance consultent avec leur famille nourricière. Cette dernière, accompagnée quelques fois par un éducateur, pourra être partie prenante dans le travail de consultation aboutissant à l'indication de la prise en charge en groupe. La proposition de groupe d'accompagnant va, alors, leur être faite, comme aux parents des autres enfants du groupe. Cela nécessite, bien sûr, une collaboration avec les services de l'ASE dont dépendent ces familles. Mais ces configurations groupales particulières vont être un élément parmi d'autres à prendre en compte dans la dynamique groupale.

UN ESPACE POUR LES PARENTS

Notre expérience du travail thérapeutique avec les groupes d'enfants, nous a depuis longtemps confrontés au problème posé par l'accompagnement parallèle des parents. Cette approche strictement groupale, suppose donc que les enfants soient régulièrement présents, et si possible, qu'ils n'interrompent pas les séances avant que la décision en soit prise collectivement. Nos groupes se sont adressés, en premier lieu, à des enfants de l'âge dit de la latence, et plus tard à des enfants plus jeunes. Il est bien entendu que leur assiduité dépend, essentiellement, de la qualité de l'investissement familial pour ce mode de prise en charge. Poser l'indication à la suite des premières consultations reste évidemment une étape préalable incontournable. Elle est d'autant plus opérante qu'elle ne se fait pas par défaut, et qu'une pensée groupale anime l'institution par du travail en équipe, des groupes de réflexions etc., en d'autres termes que le groupe thérapeutique s'inscrive dans la démarche thérapeutique de l'établissement.

Il n'en reste pas moins, que même dans les meilleurs cas, nous avons constaté que si les parents se sentent exclus, ne comprenant pas ce qui se passe, ils vont plus ou moins rapidement désinvestir, voire remettre en question ce mode de prise en charge. Ce risque s'aggrave encore si le consultant n'est pas lui-même sensibilisé à cette technique. C'est ce qui nous a amenés assez rapidement à proposer aux parents des réunions parallèles, à un rythme variable selon les groupes, mais toujours conduites par un collègue ayant lui-même l'expérience des groupes d'enfants. Ces groupes de paroles ont eu, pour premier effet, de limiter le risque de voir les parents assaillir de questions leur enfant au sortir des séances. En effet, sans cette possibilité de vivre, eux aussi, une expérience collective, le travail psychique accompli dans le groupe des enfants leur semblait incompréhensible, puisque, bien évidemment, la thérapie groupale relève d'un mode de penser très différent de ce qui est le plus habituel au sein de la famille. La participation au groupe et son utilisation comme espace étayant, ouvre aux parents la possibilité d'un travail de pensée partagé. Ce travail va pouvoir être repris et s'approfondir avec le consultant sans qu'interfèrent les projections surmoïques qui pesaient souvent sur les premières rencontres. En effet, certains parents dans le cadre des consultations, n'ayant aucune possibilité de s'identifier à la souffrance de leur enfant, restent figés dans une demande réparatrice et évitent ainsi toute implication personnelle. D'autres, du fait de leur inhibition ou de leur décalage socioculturel se trouvent, lors des entretiens préalables, dans un véritable état de non-pensée et, dans ces cas là, ces difficultés persistent au long des consultations suivantes. En revanche, l'approche groupale leur permet d'exprimer librement, soutenus par la présence des autres parents, les inquiétudes, les interrogations et le sentiment d'exclusion, suscités par la prise en charge groupale de leur enfant avec un autre adulte. Ils ont ainsi la possibilité de s'impliquer et de s'interroger mutuellement sur leur rôle. Du fait du mouvement régressif provoqué par la situation groupale, ils peuvent, en effet, retrouver des moments de leur propre enfance e par là mêm s'identifier à leur enfant. Étayés les uns par les autres, ils voient leurs défenses s'assouplir et acquièrent la possibilité d'un travail sur eux-mêmes

Travailler en collaboration

Dans certains cas, la famille peut investir le travail en groupe au détriment du travail de consultation, ceci d'autant plus que le consultant lui-même désinvestit le travail avec la famille. Surtout, s'il ressent le groupe de parents comme faisant double emploi, voire même comme une activité concurrentielle. Les familles en effet, ne peuvent vivre les deux espaces comme complémentaires et étayer sur l'un le travail effectué dans l'autre, et vice versa, que dans la mesure où des liens suffisamment étroits entre les différentes personnes s'occupant de la consultation et du groupe de parents permettent une véritable collaboration. D'autre part, il semble aussi tout à fait important que l'animateur du groupe de parents puisse s'autoriser de sa situation d'écoute, à la fois des parents eux mêmes et de ce qu'ils rapportent de leurs fantasmes à propos du groupe d'enfants, pour relancer l'intérêt du consultant.

Ce travail permet non seulement l'élaboration des liens intrafamiliaux mais aussi la préservation du groupe d'enfants de toute tentative d'intrusion. Ceci va conduire, à terme, à l'autonomisation des espaces et de leurs participants. Cependant, il est indispensable que le thérapeute des enfants soit intégré dans l'espace que semblent pouvoir se partager plus naturellement le consultant et l'animateur du groupe des parents, sinon l'autonomisation risque de se transformer en isolement. En effet, en l'absence d'une élaboration partagée, le danger sera de voir chacun des espaces fonctionner pour lui-même, sans lien avec la dynamique des deux autres ; ce qui laisse la porte ouverte aux passages à l'acte, non seulement des familles mais aussi des soignants. Nous citerons, pour exemple, la classique situation ou des parents très assidus, tant au groupe de parents qu'à la consultation, prétextent, à l'occasion d'un retour de vacances, une nette amélioration de leur enfant pour interrompre prématurément le traitement sans tenir compte de la dynamique du groupe d'enfants. Le maillage trop lâche du travail en équipe a donné l'occasion, dans ce passage à l'acte, à la famille d'agir ses angoisses d'abandon, sans que le lien n'ait pu leur être fait avec la séparation des vacances.

Le groupe de parents se trouve donc être un espace particulier, puisque non proposé comme thérapeutique, il en est toutefois producteur d'effets. Ces derniers seront d'autant plus importants que ce groupe pourra à la fois, conserver sa spécificité et évoluer pour lui-même et, en même temps, rester non seulement en lien avec les pôles thérapeutiques du dispositif de soin mais surtout travailler à leur élaboration. C'est pourquoi, tout en restant toujours singulier et pris dans la culture institutionnelle, chaque dispositif, dans sa conception et sa mise en place, nécessite un réel travail d'équipe réunissant les différents consultants prescripteurs, le ou les thérapeutes du groupe d'enfants et celui qui anime le groupe de parents.

Il nous paraît important que le groupe de parents et les consultations se trouvent inclus dans le dispositif proposé aux familles, dans un rapport de complémentarité destiné à faciliter le travail thérapeutique avec les enfants et présentés comme tels. Nous n'hésitons pas à leur expliquer que leur participation active va nous aider dans la réussite du traitement de leur enfant.

Les groupes fonctionneront, au début, comme des séances d'accompagnement, permettant surtout d'assurer la permanence du groupe des enfants, dont l'absentéisme a diminué de manière significative depuis la mise en place de cette approche plurifocale. Dans un second temps, un rythme de rencontres suffisamment rapproché pourra soutenir l'investissement du groupe comme espace de pensée et lieu d'élaboration, ce qui aboutira, parfois, à ce que le groupe des parents se prolonge encore quelque temps alors que celui des enfants est terminé.

LES PARENTS EN GROUPE

Les groupes thérapeutiques d'enfants sont précédés d'une première réunion qui rassemble les enfants, leur psychothérapeute, les parents et un group analyste, ayant lui-même l'expérience des groupes d'enfants, qui accompagnera ces derniers dans leur propre démarche.

Cette première rencontre groupale a pour but de mettre en place le cadre et de préciser les modalités pratiques de fonctionnement du groupe des enfants : rythme, choix de l'horaire, problèmes d'accompagnement. Il est volontairement énoncé aux enfants, en présence des parents, la règle de discrétion. Celle-ci sera le plus souvent parfaitement respectée, ce qui, renforçant chez les parents les sentiments d'exclusion, les amènera à investir davantage leur propre espace groupal.

Le rythme de ces rencontres, contrairement à celles des enfants, n'est pas déterminé au cours de cette première séance. La question sera abordée lors de la réunion suivante ou plutôt lors de la deuxième partie de la rencontre qui se fera indépendamment du groupe des enfants, réunis eux mêmes de leur côté avec leur psychothérapeute.

Chaque groupe de parents choisit la périodicité qui lui convient, soit de façon régulière soit décidée à l'issue de chaque rencontre en fonction des disponibilités de chacun et de l'animateur.

Lorsque les parents sont présents en même temps que les enfants, l'utilisation du même créneau horaire que celui du groupe des enfants ne manquera pas de poser question à certains. Cependant, si on laisse suffisamment le temps aux parents d'élaborer eux-mêmes, en groupe, leur dispositif, le travail de ces premières séances va permettre que le groupe se constitue. Il sera d'autant plus investi qu'autour de la question de la périodicité et de la participation au groupe, auront pu s'élaborer les angoisses persécutives et les attaques narcissiques inhérentes à la situation.

C'est ainsi que dans un groupe, lors de la première rencontre, plusieurs parents se sont montrés extrêmement réticents à l'idée de se réunir régulièrement. L'animatrice a proposé que plusieurs séances soient consacrées à débattre du bien fondé de la proposition faîte. Ils ont alors pris ensemble la décision de se réunir une fois tous les quinze jours, à l'heure de la séance de leurs enfants. Des concessions ont ainsi été faîtes, aussi bien par ceux qui auraient voulu plus que par ceux qui ne souhaitaient, apparemment, rien. Cette prise de décision en commun et le travail qu'elle a suscité sont un ciment très fort pour ce groupe que vient, bien évidemment, renforcer la fréquence des séances.

Pour de nombreuses raisons, tous les groupes de parents ne peuvent évidemment pas fonctionner comme celui-là. Il semble, toutefois, assez net que le dispositif que nous venons de décrire permette une intensification de ce processus d'investissement du groupe que nous retrouvons, par ailleurs, dans tous les cas.

D'autre part, l'investissement des parents va se manifester plus ou moins facilement, en fonction des âges et du niveau de pathologie des enfants. Lorsque nous avons à faire à des enfants jeunes ou en grandes difficultés, comme ceux dont nous avons parlé dans les chapitres précédents, et qui sont régulièrement accompagnés par les parents eux-mêmes, nous proposons des réunions parallèles avec la même périodicité que celle du groupe des enfants.

La lourdeur des pathologies et les inquiétudes partagées par tous vont justifier le rythme des séances et constituer un premier lien qui va permettre une mise en place plus rapide de l'espace groupal.

LA CONDUITE DU GROUPE DE PARENTS

Nous pensons que l'art de mener ce type de groupe s'apparente plus à la conduite d'une consultation collective proposant un espace de réflexion commune sur l'expérience en cours qu'à une psychothérapie de groupe proprement dite, même si les effets thérapeutiques n'en sont pas pour autant exclus. Il n'en reste pas moins que le travail reste centré sur la fonction contenante du groupe, ce qui en exclut toute intervention individuelle qui impliquerait trop directement un des participants. Par exemple, pour favoriser cette approche, lors de la première réunion, nous ne demandons ni aux parents ni aux enfants de se présenter.

L'observation longitudinale de plusieurs groupes nous permettra d'illustrer ce mouvement qui fait passer le groupe de parents de la consultation collective, où se travaillent les projections faites sur les enfants tant individuellement que groupalement, à l'investissement d'un espace thérapeutique ; le groupe étant devenu, alors, un véritable lieu d'implication personnelle.

Ces groupes sont constitués de parents d'enfants en âge de la latence, suivis parallèlement en psychothérapie de groupe. Ils se réunissent, sur décision commune, environ une fois toutes les trois semaines, et pour l'un d'entre eux tous les quinze jours.

Aucune consigne particulière n'est donnée, le groupe, nous l'avons vu, n'est pas explicitement porteur d'un projet thérapeutique ; la tâche énoncée est avant tout de faciliter et de contenir le fonctionnement des enfants en groupe.

L'ÉVOLUTION DU GROUPE

Lors des premières séances, c'est le sentiment d'exclusion, accompagné de réactions de maîtrise, qui vont dominer. Une mère dira qu'elle aimerait bien être une petite souris pour tout voir sans être vue. En effet, les parents, se sentant exclus de l'espace réservé aux enfants, cherchent à savoir ce qui s'y passe. Ils se questionnent, d'autant plus que la plupart du temps, fidèles à la consigne donnée, les enfants refusent de répondre à leurs interrogations.

Ces questions sont pour les parents l'occasion de donner des précisions sur les difficultés de leur enfant puisqu'ils l'imaginent interagissant dans le groupe en fonction de celles ci. Ces problèmes semblent à ce moment du groupe être développés comme à plaisir. En effet, ne s'étant pas présentés, les parents se définissent, sans trop d'angoisse, par rapport à ces dysfonctionnements et ceci va les amener à imaginer des séances assez tumultueuses.

Dans ces descriptions hautes en couleur qui mettraient en danger le psychothérapeute de leurs enfants, le recours à l'humour est une constante qui se manifeste défensivement, dès les premières rencontres, chaque fois qu'émerge une tension agressive trop vive, un peu comme les fous rires dans les groupes d'enfants.

Dans ces premiers temps, l'animateur est interrogé sur le comportement individuel des enfants. Aucune réponse n'est évidemment donnée. Toutefois, dans ce contexte, qui n'est pas celui d'une psychothérapie, le silence n'est pas de mise, il pourra donner des précisions sur le déroulement prévisible de tout groupe en s'appuyant sur son expérience personnelle de la conduite de ce type de traitement.

Cependant, cette non réponse à propos de leurs enfants fait naître de l'angoisse et réalimente leur sentiment d'exclusion, ce qui les conduit à mettre en avant la dangerosité du groupe et le risque que courent les enfants, du fait de la supposée passivité du psychothérapeute. Ils manifestent leur volonté de contrôle de la situation, un père menace : « Si jamais mon fils reçoit des coups, il pourra dire adieu au groupe. »

À ce moment-là, certains parents expliquent que leurs enfants ne veulent pas venir parce qu'ils ne supportent pas le désordre et/ou la violence, et qu'ils ne savent pas ce qu'ils viennent faire dans les séances. On peut se demander alors si, sous couvert de leurs enfants, ce n'est pas de leur propre ressenti qu'ils sont en train de parler. Une mère expliquera très bien ce lien, quelques séances plus tard, en disant :

> « Depuis que je suis convaincue du bien fondé de ces rencontres et que j'y trouve un intérêt, mon fils vient sans rechigner, bien au contraire. [Elle ajoute :] Je pense même que je ne croyais pas non plus à l'efficacité du groupe pour lui et qu'il le sentait. »

Ainsi la boucle est bouclée : si le groupe suscitait autant d'interrogations c'est bien à cause de l'inconnu, mais le fait de l'expérimenter soi-même est plutôt rassurant et permet de faire confiance. Il est donc important que ces premières séances, comme avec les enfants, soient les plus contenantes possible et, surtout, n'accroissent pas les angoisses persécutrices déjà à vif du fait de la blessure narcissique que constitue, inévitablement, leur demande d'aide en milieu pédopsychiatrique.

Plus tard, des questions se posent sur la place et le rôle qu'occupe ce psychothérapeute qui laisse faire aux enfants tout ce qu'ils veulent. Mais la crainte qu'il réussisse là où ils ont échoué, suscite des remarques agressives. Condescendant, un père avec un sourire narquois, déclare :

> « Je ne vois pas comment il pourra se faire obéir par un groupe, alors que moi j'ai du mal avec mon fils. »

Un autre, d'accord avec le fait qu'ici « il ne s'agit pas d'être autoritaire comme à l'école », se demande si, pour autant, « il est bien nécessaire de laisser monter l'excitation et tolérer toutes les bagarres ».

Ces commentaires sur les attitudes attribuées au psychothérapeute des enfants sont à écouter dans le groupe à un niveau fantasmatique, comme support des projections des parents et souvent en écho avec ce que les enfants rapportent des séances, dans un souci de protéger soit les parents soit le groupe, selon les moments. Il est donc important que la cohésion du couple des thérapeutes (formé par celui qui s'occupe des enfants et celui qui s'occupe des parents) n'en soit pas attaquée. Il est souligné, au contraire, la confiance que chacun partage dans les capacités de régulation à plus ou moins long terme, qui sont attendues du travail en groupe et qui justifient les positions spécifiques prises par le psychothérapeute des enfants, même si elles peuvent leur sembler inattendues.

Quoi qu'il en soit, ce dernier est bien désigné comme un rival des parents. Ceci va renforcer leur alliance et, progressivement, ils vont pouvoir mettre en commun les raisons pour lesquelles ils ont consulté. Il s'agira alors d'une seconde étape : contrairement au début, où les difficultés des enfants constituaient, en quelque sorte, une identité aux parents qui racontaient en faisant des comparaisons, on va maintenant, petit à petit, se rassembler autour de la douleur d'avoir un enfant en difficulté.

Les problèmes posés par l'enfant sont exposés avec force détails depuis le début de sa vie. Il n'est pas rare que les mères relatent les difficultés d'endormissement ou d'alimentation de leurs nourrissons. Chacun s'attendrit devant ces souvenirs et y va de son anecdote, ajoutant des commentaires qui tirent le groupe vers le sentiment euphorique du retour au bon temps passé. Cette étape est à la fois défensive d'une réalité beaucoup plus douloureuse, et en même temps un partage, un lien, sur lequel on va s'étayer pour pouvoir ensuite l'aborder.

Les situations et vécus douloureux actuels peuvent alors se communiquer et sont largement commentés :

> « Mon fils me fait honte, non seulement à l'école mais aussi dans la rue, je ne supporte pas le regard des autres sur moi, j'imagine qu'ils se moquent de moi et qu'ils pensent que je ne sais pas élever mon enfant, chaque fois que je suis convoquée par la maîtresse j'imagine le pire et pourtant c'est encore pire que ce que je pensais », dit une mère les larmes aux yeux.

L'ambiance est tendue, lourde, car tous peuvent s'identifier à la souffrance de cette mère en se référant à une expérience similaire qu'ils vont à leur tour transmettre au groupe.

Chacun, pourtant, se sent soutenu par le climat de compréhension empathique qui règne depuis quelque temps. Ils sont tous des parents qui ont les mêmes problèmes, ils sont tous pareils. Et pour maintenir cette unité isomorphique, le mauvais parent est projeté au dehors. Tour à tour, on évoquera la mauvaise qualité des enseignants ou l'incompétence des médecins.

Ce moment est très complexe, à la fois, souvent un peu superficiel et excité (les critiques étant quelquefois très acerbes mais peu élaborées) et, en même temps, fécond, car il maintient l'unité. Lorsque des enseignants ou des médecins participent au groupe, il permet aussi de s'interroger sur la difficulté, à la fois pour le parent et pour l'enfant, de soutenir une telle position et de réduire ainsi le clivage bon-mauvais dedans-dehors. Ceci amènera, plus tard, à travers ces situations particulières, facilitantes, à aborder l'ambivalence à l'égard de son enfant.

Par précaution, et pour favoriser ce moment organisateur, l'animateur ne va pas interpréter le transfert négatif sous-jacent. Pour l'instant, il est important qu'il fasse alliance, le groupe étant encore trop fragile et surtout pas prêt à s'interroger sur son propre fonctionnement.

Les parents, maintenant, ont le souci de s'entraider ; ils se transmettent, par exemple, des recettes pour réussir l'éducation de leurs enfants ou pour mieux les épauler dans leur travail scolaire. Ils peuvent aller jusqu'à s'appuyer sur leurs compétences professionnelles et leurs expériences personnelles pour donner des conseils au sujet de l'orientation des enfants et réconforter et soutenir les plus démunis.

Ainsi va s'exprimer le plaisir de se trouver ensemble comme de bons parents et aussi, surtout, des personnes responsables, qui se soutiennent. Dans ces moments d'élation narcissique, d'où n'est pas exclue, bien entendu, la dimension hypomaniaque, ils vont trouver les séances trop courtes et, à cette période, elles se poursuivent souvent par des conversations animées sur le trottoir.

Cet épisode sera cependant de courte durée. Bientôt, va lui succéder un mouvement dépressif lié à la culpabilité d'être, en fin de compte, de mauvais parents. « Je ne sais pas y faire, dira un père, je n'aurai pas dû faire d'enfant. » Ce sentiment va très vite être partagé par tous. Le mauvais parent est bien là, ici dans le groupe, c'est d'eux qu'il s'agit et ils ne peuvent continuer à se protéger éventuellement derrière leur profession.

Alors commence une interrogation sur la possibilité de se démarquer de l'éducation reçue et, dans ce moment dépressif, ce mouvement défensif a l'avantage de permettre aux parents de faire un retour sur leur propre enfance. Au cours de ces séances, ils se mettent à parler de leurs propres parents. Il ne s'agit plus alors de leurs enfants face à eux, mais d'eux, enfants, face à leurs propres parents.

En renouant le fil transgénérationnel, l'identification à leurs enfants devient possible et leur fait retrouver en leurs enfants des comportements qu'ils avaient eux-mêmes enfant. Tel père dont le fils « n'en fait qu'à sa tête », reconnaît que celui-ci lui ressemble. Tel autre se retrouve en son fils qui « n'en a rien à faire de l'école ». Et, ce mouvement identificatoire permet l'amorce d'une véritable remise en question. Une maman dont le fils est asthmatique, portée par ce mouvement, s'interrogera sur les liens possibles entre la maladie de son fils et son attitude envahissante : « J'ai dû quelque part l'étouffer, l'empêcher de respirer, c'est vrai qu'il ne sait rien faire sans moi. »

Il s'ensuit une discussion sur la séparation et l'autonomie. Une mère dont le téléphone portable envahit régulièrement le groupe (avec sa fille au bout du fil ! !) explique ses difficultés et sa solitude de petite fille ignorée par des parents trop occupés à se séparer. Elle avait pour confident un petit animal en peluche auquel elle racontait tout, qu'elle a conservé avec elle dans le même rôle jusqu'à son accouchement et, ce jour-là, à la maternité, elle a mis l'animal dans le berceau de sa fille. À tour de rôle, chacun va parler de sa propre expérience de séparation et des difficultés qu'ils ont avec leurs enfants à ce propos, en particulier dans les liens trop serrés qu'ils ont institués avec eux, prétextant qui les problèmes scolaires, qui la timidité ou à l'inverse, la trop grande familiarité avec les étrangers.

L'animateur pointe alors que :

> « S'interroger sur la possibilité de laisser son enfant respirer seul ou se débrouiller avec ses difficultés scolaires ou relationnelles, c'est aussi se demander si les enfants peuvent travailler en groupe sans nous. Ainsi se pose en même temps la question de notre propre travail ici, sans eux. ! »

À ce stade, le groupe va progressivement devenir un espace contenant où les parents vont pouvoir déposer quelque chose d'eux-mêmes. Il n'est plus, alors, dépendant du groupe des enfants ; il évolue pour lui-même. Il devient autonome et pourra éventuellement décider pour son propre compte de sa poursuite, indépendamment de la durée du groupe des enfants.

Ainsi, le groupe de parents permet de contenir le groupe des enfants et de faire en sorte qu'à travers la même expérience, ces derniers comprennent mieux ce qu'est un groupe et respectent ainsi l'espace des enfants. Laissons à ce propos parler un père qui explique sa participation au groupe de la façon suivante :

> « Lors d'une visite à une personne que vous aimez et qui est malade, vous pouvez lui manifester votre intérêt en lui parlant de ses souffrances, de son médecin, des progrès du traitement et il y a fort à parier que vous allez, très vite, vous retrouver à penser avec elle que rien ne va et qu'elle est mal soignée. Mais vous pouvez aussi vous contenter d'être là, de lui apporter votre empathie en partageant un moment sympathique avec elle. Sans doute, la seconde attitude sera plus efficace que la première, pour soutenir cette personne. »

Ce père pensait qu'en étant présent au groupe de parents, il manifestait à son fils une empathie avec ses difficultés bien plus grande et plus efficace qu'en le persécutant avec ses questions, et que d'autre part, le partage avec les autres parents le soutenait lui-même dans cette attitude.

En effet, cette expérience peut ainsi les revaloriser dans leur fonction parentale, en leur procurant un étayage narcissique et favoriser, par la remise en question rendue ainsi possible, une identification à la souffrance de leurs enfants.

L'investissement de cet espace par les parents joue, d'autre part, un rôle important pour les enfants. Les modifications interrelationnelles au sein de la famille que provoque cette reconnaissance du caractère partagé des difficultés, par leur effet d'assouplissement de la fonction surmoïque, vient étayer la possibilité, au sein de leur propre groupe, d'abandonner la dépendance à leur symptôme, grâce à l'élaboration collective du sens.

La dynamique consultation-travail de groupe

Cette expérience des groupes de parents d'enfants participant à un groupe thérapeutique nous a amenés à nous interroger sur la dynamique « consultation groupe de parents ».

Dans certains cas, il a été relativement facile de mettre en évidence un effet indiscutable sur le travail en consultation. La participation au groupe et son utilisation comme espace étayant, ouvrent à ces parents la possibilité d'un travail de pensée partagé. Ce travail va pouvoir être repris et s'approfondir avec le consultant, sans qu'interfèrent les projections surmoïques qui pesaient souvent sur les premières rencontres.

> Madame X., d'origine portugaise, amène en consultation son fils Ricardo, âgé de 14 ans, en échec scolaire important, sans que, au cours des entretiens, il puisse être question d'autre chose que de cette non réussite qui semble être vécue comme une malédiction sur laquelle personne ne peut rien et encore moins Ricardo, peu concerné par le problème. Le père ne se déplace pas ; la mère évoque des difficultés du maniement de la langue française pour rester en retrait lors des consultations, qui sont très pauvres et ne satisfont qu'à demi la consultante. Néanmoins, la proposition d'un groupe est acceptée pour le garçon. Les parents (surtout la mère, mais le père viendra aussi quelques fois) fréquentent le groupe de parents qui est associé au groupe des adolescents. Madame X est d'abord assez réservée, un peu intimidée par les autres parents plus à l'aise qu'elle. Mais, petit à petit, elle participe et, encouragée par les récits des difficultés des autres, elle se lance et commence à mettre en liens sa venue au CMPP et sa condition difficile d'émigrée. Les commentaires bienveillants qui lui sont faits en réponse, mettent l'accent sur le « tout pareil » de la condition de parents, quels que soient leurs problèmes par ailleurs. Madame X se sentant soutenue par le groupe, participe de plus en plus. La consultante constate, par ailleurs, un meilleur investissement des entretiens réguliers qui

continuent parallèlement au groupe de parents avec l'amorce d'une remise en question de la relation mère fils.

Dans le groupe qui se réunira régulièrement une fois toutes les trois semaines pendant les deux années qu'a duré le groupe des adolescents, madame X, toujours très assidue, finira par amener son mari, jusqu'ici très réticent à toute forme de participation, et il sera alors question du rôle et de la place de chacun vis-à-vis de leur fils. Cette problématique fait bien entendu écho chez les autres parents et s'ensuivent plusieurs séances groupales très riches et chaleureuses. En consultation, monsieur et madame X parlent alors de leurs problèmes de couple. La fin du groupe est l'occasion d'un soutien actif des autres parents dans les démarches personnelles de madame, concernant l'orientation scolaire de son fils. Ce dernier intègre la section qu'il a choisie et qui lui convient, dans un lycée technique de bon niveau, ses parents étant allés soutenir son dossier à la commission d'orientation.

Le consultant est en même temps l'animateur du groupe de parents

Arthur consulte, alors qu'il vient d'entrer en CM2 après plusieurs années de suivi psychopédagogique en privé, pour des difficultés scolaires persistantes, surtout à l'écrit, assorties d'une grande lenteur. Tout ceci pèse sur le passage en 6e, la mère parle déjà, au mois d'octobre, d'un redoublement possible. Arthur écoute ses parents parler de lui en ayant l'air de s'ennuyer et ergote sur ses capacités à l'oral qui sont brillantes. Seul, il explique être beaucoup plus ennuyé par son énurésie, ses difficultés avec les autres, avec lesquels il est toujours en bagarre et le sentiment que sa sœur Victoria est la préférée de ses parents. La psychopédagogue lui a expliqué qu'elle ne pouvait plus l'aider mais que, sans doute, un groupe pourrait lui permettre d'avancer. Il n'est pas d'emblée très intéressé pour une prise en charge mais, petit à petit, au cours de consultations, il se montrera plus décidé. Les parents, eux mêmes ambivalents, iront voir une orthophoniste qui conseillera une rééducation avant de finalement opter pour la prise en charge groupale proposée au CMPP, associée aux consultations et à un groupe de parents parallèle au groupe d'enfants. Arthur sera vu en groupe une fois par semaine, les parents en groupe tous les quinze jours et la famille, en consultation environ tous les deux mois.

Dans le groupe de six enfants, quatre garçons, deux filles, entre dix et douze ans, très vite, Arthur, bien que le plus jeune, s'impose par son agilité, et prend quasiment un rôle de leader, alors qu'en classe, il est le bouc émissaire, souffre douleur du maître – ce dont il pourra parler, soutenu par les autres enfants. Lorsque les parents, alertés par d'autres parents, se rendent compte de la situation, ils demandent un rendez-vous

> de consultation au cours duquel pourra se travailler le sens du silence d'Arthur dans la dynamique familiale. En revanche, la prise de conscience de leur ambivalence par les parents (qui ont eux-mêmes demandé que leur fils soit dans la classe de cet instituteur, connu pour être pour le moins très exigeant), se fera dans le groupe de parents au cours duquel, à leur demande et avec l'accord des autres, une séance entière est consacrée aux difficultés d'Arthur. À partir de là, ils pourront intervenir auprès de l'instituteur et de la directrice de façon suffisamment souple pour régler le problème à l'école.

Il semble que l'espace du groupe ait permis que se déploie pour les parents une possibilité de donner une temporalité à la représentation de leur enfant au lieu de rester figés, comme c'est souvent le cas en consultation, sur ses difficultés actuelles et de ne le voir qu'à travers elles.

Le fait que le consultant et l'animateur du groupe de parents soient la même personne, a certainement rendu plus facile cette élaboration. Soutenus par le consultant animateur, déjà au courant du problème et dépositaire muet et bienveillant du travail accompli en consultation, les parents ont pu partager leurs difficultés avec les autres qui, à leur tour, les ont soutenus et aidés. L'alliance a donc fonctionné à plusieurs niveaux, les différents espaces proposés aux parents potentialisant d'autant plus leurs effets contenant et étayant que le thérapeute est le même dans les deux dispositifs.

Jusqu'à présent, ce cas de figure représentait plutôt une exception, voire une situation à éviter. Il était même d'usage, en tant que consultant, de passer la main à un collègue si on devait assurer l'animation du groupe de parents, pour ne pas interférer dans la relation avec l'enfant, puisque la consultation réunit parents et enfants et que chacun des groupes est proposé comme un espace séparé et autonome. Finalement, la configuration réelle n'est peut-être pas primordiale. En revanche, il est bien sûr incontournable que les deux espaces restent séparés dans l'esprit du consultant-animateur du groupe de parents.

LA NÉCESSITÉ DU TRAVAIL EN ÉQUIPE

Chaque dispositif reste toujours singulier et en lien avec la culture institutionnelle et, ces différentes expériences plutôt que de donner des modèles de fonctionnement, mettent seulement en évidence, et c'est déjà beaucoup, la nécessité d'un réel travail d'équipe autour du groupe d'enfants, réunissant les différents consultants prescripteurs, le ou les thérapeutes du groupe d'enfants et celui qui anime le groupe de parents. En effet, le dispositif dans lequel deux personnes différentes s'occupent de la consultation et du groupe de parents ne peut être pleinement efficace que dans la mesure où des liens suffisamment étroits permettent une véritable collaboration. Les familles pourront alors, comme dans le cas où elles n'ont qu'un interlocuteur, vivre les deux espaces comme complémentaires et étayer sur l'un le travail effectué dans l'autre et vice versa. D'autre part, il semble aussi tout à fait important que l'animateur du groupe de parents puisse s'autoriser de sa situation d'écoute, à la fois des parents eux mêmes et de ce qu'ils rapportent du groupe d'enfants pour, à partir des liens renvoyés à ce propos, relancer les consultations, en interrogeant les thérapeutes.

Chapitre 15

LE GROUPE ET L'INSTITUTION

L'INSTITUTION COMME CONTENANT

Comme nous venons de le voir, la mise en place de groupes de parents préserve et contient le groupe thérapeutique des enfants. Dans la même optique, il est essentiel que le « groupe institution » fonctionne comme un contenant ayant pu constituer une enveloppe qui le délimite, le protège, lui permette des échanges avec l'extérieur mais qui, aussi, organise un contenu dont font partie les différentes prises en charge thérapeutiques et, au premier chef, le petit groupe. Celui-ci, qui reprend lui aussi, à son compte, ces mêmes caractéristiques de conteneur, est sujet, comme l'institution, aux projections de tous ordres que sa seule existence suscite. Nous voyons bien là l'importance, et ce quel que soit le type de groupe envisagé, de l'ancrage institutionnel du travail groupal et des emboîtements qu'il suppose.

Les dispositifs psychothérapiques groupaux (avec ou sans médiation) ont, nous l'avons vu, pour but de permettre un travail de pensée et, pour ce faire, il est nécessaire de mettre en place un contenant avant d'aborder les contenus qui ne sont pas alors d'emblée élaborables sans vécus persécutifs risquant de déclencher de la violence. Ces dispositifs souples ne font donc pas appel à des règles de fonctionnement plus ou moins rigides ou fétichisés, mais privilégient les possibilités de rencontres dans la créativité des enfants entre eux, et avec l'adulte. Pour conserver cette possibilité de souplesse tout au long de son fonctionnement et donc préserver l'objectif thérapeutique dans un cadre psychothérapeutique, le groupe doit impérativement être lui même contenu dans et par l'institution. C'est à l'environnement institutionnel dans son ensemble que va être demandé de jouer ce rôle de contenant. Ainsi des dispositifs institutionnels sont à privilégier et à faire vivre pour favoriser la confrontation et la mise en commun des idées.

Il paraît très important, et nous en mesurons tous les jours la portée dans nos institutions, qu'existe plus particulièrement un lieu de parole qui soit consacré aux pratiques de groupe. Ces réunions permettent à la fois le maintien des liens entre les individus – car plus que les autres, les prises en charges groupales nécessitent un réel travail en équipe des soignants, pour élaborer des dispositifs thérapeutiques originaux, tenant compte des spécificités des fonctionnements institutionnels – et la détoxication des inévitables projections induites par la présence des groupes. D'autre part, ces espaces de pensée sont indispensables à un travail d'approfondissement théorique à partir de la clinique aussi bien groupale qu'institutionnelle. Toutefois, ces réunions ne constituent qu'un des aspects possibles du travail groupal dans l'institution.

Ce dispositif a pour objectif de permettre la régulation et l'élaboration des mécanismes défensifs mis en œuvre pour lutter contre les changements tendant à modifier le cadre institutionnel, et qui se manifestent dans l'ambivalence des institutions qui peuvent organiser des groupe tout en œuvrant plus ou moins explicitement à leur mise en échec.

L'INSTITUTION : GROUPE D'APPARTENANCE, GROUPE DE RÉFÉRENCE

La nature et le fonctionnement des prises en charge dans les institutions de soin ne peuvent se comprendre qu'en interrogeant les rapports que les dispositifs soignants entretiennent avec les modèles théoriques de base sur lesquels ces dernières se fondent et qui leur servent de référence.

L'institution est groupe d'appartenance des thérapeutes, au sens où il y sont physiquement insérés et qu'elle fait partie de leur réalité sociale. Mais on peut aussi considérer que c'est pour eux un groupe de référence, puisqu'ils adhèrent, plus ou moins explicitement, à un projet thérapeutique, médico-éducatif, rééducatif ou social, qui est propre à cette institution. Cependant, ce projet est lui même contenu dans une théorisation ou une idéologie dont les tenants constituent un autre grand groupe de référence. Simultanément, chacun peut se référer aussi à d'autres groupes dans lesquels s'originent sa théorie et sa pratique personnelles, en continuité avec sa formation initiale. Groupes de médecins, d'orthophonistes, de rééducateurs, de psychologues ou d'éducateurs.

Ces différents emboîtements de groupes sont perpétuellement en interaction, soit dans une complémentarité qui va faciliter l'adhésion à des normes des valeurs des modèles reconnus par tous les membres de l'institution et contribuer à leur souplesse, soit dans une conflictualité qui va attaquer le côté sécurisant et rassurant du groupe d'appartenance et le rendre rigide et persécuteur. Plus il y aura d'écart, et donc de tensions possibles entre le groupe d'appartenance institutionnel et le ou les groupes de référence des thérapeutes, plus la dynamique institutionnelle sera traversée de mouvements de rigidification et de repli sur soi, pouvant entraîner des crises et des ruptures.

Par exemple, dans le cadre de l'Institut de recherche et de formation pour l'approche psychanalytique des groupes, nous sommes très souvent en présence de collègues aux prises avec des difficultés renvoyant à de véritables conflits de loyauté entre leur institution de soin et l'institution formatrice.

Il va de soi que la pratique des groupes thérapeutiques, en tant que théorie de soin, va se situer naturellement à l'intérieur de ces emboîtements et participer ou non, selon les cas, aux tensions (réelles ou fantasmatiques) inhérentes aux interactions entre le groupe d'appartenance et le groupe de référence.

Si la dynamique d'une institution thérapeutique prend naturellement en compte le travail groupal et les liens que cela suppose et génère entre ses membres, l'introduction du groupe s'intégrera d'emblée dans la créativité du projet institutionnel. Il y aura, alors, superposition ou congruence entre les références de l'institution et celles du thérapeute de groupe.

Mais, à l'inverse, si l'institution privilégie l'approche individuelle et n'est pas prête à accueillir favorablement quelque projet groupal que ce soit, celui ci sera vécu comme un *forcing* intolérable de la part du ou des thérapeutes qui l'auront proposé. En effet, ils vont mettre en évidence l'écart, voire l'antagonisme, existant entre deux types de projets et de fonctionnements, l'un individuel, auquel se réfère l'institution groupe d'appartenance, l'autre, groupal, dont se réclament au moins implicitement ces thérapeutes. Au lieu de créer des liens, cette proposition thérapeutique va donc d'abord attaquer ceux qui existent. Évidemment cela va provoquer des tensions et des rejets.

La situation sera, évidemment, encore plus difficile dans les cas où l'institution s'inscrit dans une perspective éducative ou sociale qui laisse peu ou pas de place à l'action thérapeutique et où le travail en groupe reste, principalement, l'affaire des éducateurs. Lorsque la dimension psychothérapique est prise en compte, il est, en général, question d'un travail individuel, qui viendrait offrir à l'enfant un espace protégé. Comme si la psychothérapie de groupe risquerait d'introduire un risque de confusion entre les cadres éducatif et thérapeutique.

En tout état de cause, il semble indispensable que les thérapeutes engagés dans une institution se donnent comme préalable à toute mise en place de dispositifs thérapeutiques groupaux, une réflexion qui permette, sous quelque forme que ce soit, une régulation des antagonismes soulevés par ces pratiques.

Le groupe thérapeutique dans l'institution

L'expérience nous montre bien qu'il n'est pas possible de mettre en place quelque groupe que ce soit sans tenir compte de son inscription dans la dynamique institutionnelle et nous voyons, très souvent, que l'introduction des groupes thérapeutiques dans une institution peut, malgré une apparente bienveillance, provoquer des vécus persécutifs et entraîner des réactions défensives de rejet. En effet, l'adoption de ces techniques ne se fait pas sans susciter nombre de résistances, alors même qu'un certain consensus idéologique paraît exister pour soutenir ce qui est alors considéré comme une approche nouvelle, la pratique des groupes thérapeutiques se développant de plus en plus dans les institutions d'enfants, pour de multiples raisons, ainsi que nous l'avons déjà évoqué dans le premier chapitre. Ce modèle s'épanouit plus spécifiquement dans les structures de soin de type ambulatoire (CMPP, CMP). Jusqu'à une époque récente, la réponse thérapeutique groupale était plutôt marginale dans ces types de structures qui fonctionnaient souvent en référence à un modèle psychanalytique, parfois implicite, en privilégiant essentiellement la relation duelle. Les progrès de la recherche et la plus grande diffusion d'une théorisation spécifique ont permis que se développent, dans ce contexte précis, des méthodes psychothérapiques collectives se référant à une compréhension psychanalytique du travail en groupe Elles sont alors une alternative aux approches thérapeutiques individuelles du fait des difficultés et des limites de leur application entraînées par l'évolution des pathologies.

Cependant, bien souvent, la mise en place de ces pratiques n'est pas réellement intégrée dans un projet thérapeutique réfléchi et les raisons données à son introduction le montrent bien, comme nous allons le voir à travers des exemples de différentes configurations institutionnelles.

Parmi les raisons fonctionnelles et donc, non incluses réellement dans les modèles théoriques de base auxquels se réfère, de façon plus ou moins clairement l'institution il y a : la liste d'attente, l'urgence à répondre à la demande, l'insuffisance du nombre des thérapeutes, les enfants dont personne ne veut, etc. Dans ce cas-là, un premier groupe est mis en place et, après des débuts prometteurs avec des résultats positifs indéniables pour les enfants qui y ont participé, les indications se tarissent, progressivement, et, très vite, il n'y a plus de groupes dans l'institution. Ou bien, les indications ne se faisant plus que par défaut, les groupes deviennent ingérables et leur efficacité contestée. L'institution se replie sur son fonctionnement antérieur et les groupes sont éventuellement rendus responsables de tous les dysfonctionnements qu'au contraire ils mettent en évidence. Souvent même, c'est alors que certains membres de l'institution se sont spécialement formés à ces pratiques, que s'organisent ces manifestations de rejet. L'idée du groupe n'était, à l'évidence, pas pensée au sein du fonctionnement institutionnel comme une solution thérapeutique intégrée à l'arsenal des prises en charges proposées, mais comme une réponse dans l'acte, donnée par l'institution à une situation d'urgence, ou vécue comme telle. La décision de certains membres de l'équipe de se former pour continuer ce travail difficile va alors mettre en évidence le dysfonctionnement. Elle souligne, en effet, la non pertinence de la réponse donnée, au niveau de la réflexion, même si, par ailleurs, elle avait été satisfaisante car répondant bien, à un autre niveau celui du fonctionnement, à la demande de l'institution. Il y a là, sans doute temporairement, non adéquation entre les théorisations du groupe d'appartenance (l'institution) et celles du groupe de référence (celui de la formation).

Il arrive aussi que des impératifs de fonctionnement infléchissent une authentique réflexion institutionnelle à propos de l'intégration du groupe thérapeutique dans l'institution. C'est ainsi que pourra être privilégié le groupe ouvert pour résoudre des problèmes de rentabilité dans les institutions soumises au financement à la séance. À l'inverse, il n'est pas rare que le groupe fermé et ses exigences méthodologiques de temps de préparation soient mal supportés et vécus comme une atteinte contre le fonctionnement de l'institution qui est alors, dans sa réaction de rejet, entièrement soumise à son groupe de référence administratif et financier, délaissant la dimension thérapeutique pourtant bien élaborée.

Ce sont des exemples de la bureaucratisation ou de la prééminence de l'institué sur l'instituant, c'est-à-dire, de la difficulté qu'ont les institutions, comme tous les groupes, à résister au désir rassurant de fonctionner pour fonctionner, en perdant de vue ses buts et ses projets. Comme ont pu le montrer J. Bleger (1971) et R. Kaës. (1988).

LES SOUBASSEMENTS DU FONCTIONNEMENT INSTITUTIONNEL

Selon la définition qu'en donne J. Bleger (1971), une institution est un « ensemble d'individus qui interagissent en partageant certaines normes dans la réalisation d'une tâche », c'est-à-dire, qui sont en interrelation dans une sociabilité par interaction. Pour lui, tout groupe se constitue aussi à partir d'une matrice ou structure de base, « la sociabilité syncrétique », sociabilité établie sur un arrière-fond d'indifférenciation, « dans laquelle les individus n'ont pas d'existence comme tels et entre lesquels s'opère une transitivité permanente ». Cette sociabilité syncrétique est donc caractérisée par le fait que c'est essentiellement un état de non relation, car c'est une non individuation. C'est cet arrière-fond syncrétique qui permet les interactions

En ce sens, pour J. Bleger (1971), les institutions, en tant que groupes, seraient utilisées par les individus non seulement comme défenses contre les angoisses dépressives et persécutives, comme l'a mis en évidence E. Jaques (1955), mais surtout comme dépositaires des parties indifférenciées de chacun, de la partie psychotique de la personnalité. Il en résulte que si le cadre institutionnel est le lieu de fixation des angoisses individuelles primitives, tout changement dans ce cadre peut provoquer, par peur de l'inconnu, des angoisses de type paranoïde et la mobilisation de mécanismes de défenses, tels que ambivalence, clivage, déni de la réalité, contrôle omnipotent. Ces mécanismes sont particulièrement efficients lorsque les groupes sont introduits sans réflexion préalable qui les mette en liens avec le projet institutionnel.

En revanche, lorsqu'une institution est réellement en congruence avec son projet et que celui ci y inclut l'introduction des groupes thérapeutiques, les mécanismes de défense et les angoisses psychotiques mobilisés par les changements ne sont pas une entrave au fonctionnement institutionnel et le dispositif de travail groupal mis en place dans l'institution remplit sa fonction de contenant et donc, évite les passages par l'acte.

La fantasmatisation, toujours à l'œuvre à propos des groupes et de la libidinisation qu'ils supposent, viendra alors alimenter la vie institutionnelle, plutôt que de l'attaquer, sans rompre l'équilibre instauré entre l'organisation et la structure libidinale.

En mettant en place un espace de discussion libre, l'institution permettra que se déploie un questionnement qui aboutira non seulement à l'élaboration des fantasmes sous-jacents, mais surtout à l'amorce d'une réflexion sur le bien fondé et l'intérêt de chaque dispositif en fonction des âges et des pathologies.

BIBLIOGRAPHIE

ANTHONY E. J. (1957), in *Psychothérapie de groupe, approche psychanalytique*, FOULKES S. H. et ANTHONY E. J. (Eds), trad. fr., Paris, Épi, 1969.

ANZIEU D. (1971), « L'illusion groupale », *Nouvelle Revue de psychanalyse*, 4, p. 73-93.

ANZIEU D. (1974), « Le moi-peau », *Nouvelle Revue de psychanalyse*, n° 9, p. 195-203.

ANZIEU D. (1975), *Le Groupe et l'Inconscient*, Paris, Dunod, 3e éd. 1999.

ANZIEU D., BÉJARANO A., KAËS R., MISSENARD A., PONTALIS J.-B. (1972) *Le Travail psychanalytique dans les groupes,* Paris, Dunod.

ANZIEU D., BÉJARANO A., KAËS R., MISSENARD A. (1974), « Thèse du Cefrap sur le travail psychanalytique dans les séminaires de formation », *Bulletin de Psychologie*, numéro spécial sur les groupes, pp 17-32.

ANZIEU D, MARTIN J.Y. (1968), *La Dynamique des groupes restreints*, Paris, PUF, 1990.

BASQUIN M., DUBUISSON P., SAMUEL-LAJEUNESSE B., TESTEMALE-MONOD G. (1972), *Le Psychodrame : une approche psychanalytique*, Paris, Dunod, p. 37.

BAYLE G. (1991), « Trauma sexuel, blessure et carence narcissique », *Revue française de psychanalyse*, vol.4, T. LV Ed. Paris, PUF.

BION W. R. (1961), *Recherches sur les petits groupes*, trad. fr., Paris, PUF, 1965.

BLEGER J. (1971), « Le groupe comme institution et le groupe dans les institutions », trad. fr., *in* Kaës R. et coll., *L'Institution et les Institutions*, Paris, Dunod, 1987.

CHAPELIER J.B. (2000), *Les psychothérapies de groupe*, Paris, Dunod, coll. Topos.

CHAPELIER J.B., AVRON O., PRIVAT P. (1985), « Groupes, un ou deux psychothérapeutes », *Revue de psychothérapie psychanalytique de groupe*, 1-2, Toulouse, Erès.

CHÂTEAU J. (1950), *L'Enfant et le Jeu*, Paris, Scarabée.

DEBRAY R. (1994), *Manifestes médiologiques*, Paris, Gallimard.

DECOBERT S., SOULÉ M. (1984), « La notion de couple thérapeutique », *in La thérapie psychanalytique du couple*, Eiguer A. et coll., Paris, Dunod.

FOULKES S. H., ANTHONY E. J. (1957), *Psychothérapie de groupe*, trad. fr., Paris, Épi, 1969.

GREEN A. (1983), *Narcissisme de vie, Narcissisme de mort*, Paris, Éditions de Minuit.

GUTTON P. (1988), *Le Jeu chez l'enfant*, Paris, GREUPP.

HAAG G. (1987), « Les petits groupes analytiques d'enfants autistes et psychotiques », *Revue de psychothérapie psychanalytique de groupe*, 7-8, « Les groupes d'enfants », Toulouse, Érès.

HOCHMAN J. (1997), *Pour soigner l'enfant autiste*, Paris, Odile Jacob.

HOUZEL D. (1987), « Le concept d'enveloppe psychique », *in Les enveloppes psychiques*, Anzieu D. et coll., Paris, Dunod.

JAQUES E. (1955), « Des systèmes sociaux comme défenses contre l'anxiété dépressive et l'anxiété de persécution », *in Textes fondamentaux de la psychologie sociale*, t. II, Lévi A., Paris, Dunod.

KAËS R. (1976), *L'Appareil psychique groupal, construction du groupe*, Paris, Dunod.

KAËS R. (1982*a*), « La catégorie de l'intermédiaire et l'articulation psychosociale », *Le Bulletin de psychologie*, t. XXXVI, n° 360.

KAËS R. (1982*b*), « L'inter-transfert et l'interprétation dans le travail psychanalytique groupal, *in Le Travail psychanalytique dans les groupes*, t. II, Paris, Dunod.

KAËS R. (1988), « Réalité psychique et souffrance dans les institutions », *in L'Institution et les institutions*, Kaës R., Paris Dunod.

KAËS R. (1993), *Le Groupe et le Sujet du groupe*, Paris, Dunod.

KAËS R. (1994), *La Parole et le Lien. Les processus associatifs et travail psychique dans les groupes*, Paris, Dunod, nouv. éd. 2005.

KAËS R. (1999), *Les Théories psychanalytiques du groupe*, Paris, PUF.

KLEIN M. (1959), *La Psychanalyse des enfants*, trad. fr., Paris, PUF.

MILNER M. (1976), *L'Inconscient et la Peinture*, trad. fr., Paris, PUF.

MILNER M. (1979), « Le rôle de l'illusion dans la formation du symbole », *Revue française de psychanalyse*, n° 5-6.

MISSENARD A., GUTTIERREZ Y. (1985), « Deux psychanalystes en groupe de brève durée », *Psychothérapies* n° 1, Genève, M.H..

MORÉNO J.-L. (1959), *Psychothérapie de groupe et psychodrame*, trad. fr., Paris, PUF, deuxième édition, 1987.

NÉRI C. (1997), *Le Groupe. Manuel de psychanalyse groupale,* trad.fr., Paris, Dunod.

PIAGET J. (1959), *La Formation du symbole chez l'enfant*, Neuchâtel, Delachaux et Niestlé.

PIGOTT C. (1990), Introduction à la psychanalyse groupale, Paris, Apsygée, pp.59-70.

PONTALIS J.-B. (1968), « Le petit groupe comme objet » *in Après Freud*, Paris, Gallimard.

PRIVAT P. (1989), « Place des transferts dans le processus thérapeutique groupal » *in Les Psychothérapies de groupes d'enfants au regard de la psychanalyse,* Paris, Clancier Guenaud.

PRIVAT P. (1993), « L'enfant, l'objet et le groupe », *Revue de psychothérapie psychanalytique de groupe*, 20, Toulouse, Érès.

PRIVAT P. (1995), « Un élément constitutif du cadre dans les groupes fermés : l'interprétation groupale », in Groupes d'enfants et cadre psychanalytique, Toulouse, Erès, coll. « Les groupes thérapeutiques ».

PRIVAT P. (1995), « Violences et modes d'interventions dans les groupes thérapeutiques d'enfants », Revue de psychothérapie psychanalytique de groupe, 24, Toulouse, Erès.

PRIVAT P. (1997), « Processus groupal, processus de pensés » in L'Enfant et sa Famille, entre pédagogie et psychanalyse, Toulouse, Erès.

PRIVAT P. (1998), « De la problématique individuelle à la dynamique groupale », Revue de psychothérapie psychanalytique de groupe, 28, Toulouse, Erès.

PRIVAT P. (1999), « Les violences de la mise en groupe » in Violence, Agressivité et Groupe, Toulouse, Erès, coll. « Les groupes thérapeutiques ».

PRIVAT P. (1999), « Le groupe et la psychothérapie d'enfants », Revue Française de Psychanalyse, « Les Groupes » vol. 3, t. LXIII , Paris, PUF.

PRIVAT P. (2002), « L'adulte dans le groupe d'enfant », Enfance & Psy, n° 19, « Travailler avec les groupes », Toulouse, Erès.

PRIVAT P. (2003), « Penser le groupe, se penser en groupe, penser en groupe », Contraste, n° 19, « De groupes en groupes revue de L'ANECAMSP ».

PRIVAT P. (2004), « Fantasmes d'indifférenciation et différence des sexes », Groupal, n°6, « La groupalité. Œdipe-Anteoedipe », Paris, Éditions du Collège.

PRIVAT P. (2004), « C'est pas du jeu : la question des limites », Neuropsychiatrie de l'enfance et de l'adolescence, 52, Paris, Elsevier, pp.225-229.

PRIVAT P., CHAPELIER J.B. (1987), « De la constitution d'un espace thérapeutique groupal à propos de groupes d'enfants à la latence », Revue de Psychothérapie Psychanalytique de groupe, 7-8, « Les groupes d'enfants », Toulouse, Erès.

PRIVAT P., CHAPELIER J.B., QUELIN D., URWAND S. (1995), « Psychothérapies de groupes d'enfants », Encyl Méd Chir. Ed. Scientifiques et Médicales Elsevier SAS Paris Psychiatrie 37-208-D-30.

PRIVAT P., KACHA N. (1997), « Travail groupal avec des parents d'enfants en groupe » in Institutions et groupes d'enfants, Toulouse, Erès, coll. « Les groupes thérapeutiques ».

PRIVAT P., PRIVAT J. (1987), « D'une utilisation particulière du jeu en groupe », Revue de Psychothérapie Psychanalytique de groupe, 7-8, col. « Les groupes d'enfants », Toulouse, Erès.

PRIVAT P., QUÉLIN-SOULIGOUX D. (1998), « Du tout pareil au tous ensemble. Quelques réflexions sur la problématique du double, mise en jeu dans le cadre d'une prise en charge en groupe thérapeutique », Cahiers de psychologie clinique, 11, « Le même, le double et le semblable », Bruxelles, De Boeck.

PRIVAT P., QUÉLIN-SOULIGOUX D. (1999), « Analyse de groupe et psychothérapie d'enfants » in Revue de neuropsychiatrie de l'enfance et de l'adolescence, septembre, 47 (9), Paris, Expansion scientifique publications.

PRIVAT P., QUÉLIN-SOULIGOUX D., ROUCHY J.C. (2001), « De l'analyse de groupe à la psychothérapie, Ency Méd Chir. (Ed. Scientifiques et Médicales Elsevier SAS Paris) Psychiatrie, 37-817-A-10.

PRIVAT P., QUÉLIN-SOULIGOUX D., ROUCHY J.C. (2002), « Psychothérapie psychanalytique de groupe », *Revue de Psychothérapie Psychanalytique de groupe*, 37, « Les fondations groupales des pratiques psychothérapiques », Toulouse, Erès.

QUÉLIN-SOULIGOUX D. (1988), « Les objets de la connaissance au service de la psychothérapie de groupe d'enfants », *Pratique des mots,* 63, Fontenay-aux-Roses, IPERS.

QUÉLIN-SOULIGOUX D. (1989), « Psychothérapie de groupe et investissement scolaire à l'âge de la latence » *in Les psychothérapies de groupes d'enfants au regard de la psychanalyse*, Paris, Clancier Guenaud.

QUÉLIN-SOULIGOUX D. (1995), « La médiation dans les groupes » *in Groupes d'enfants et cadre psychanalytique*, col. « Les groupes thérapeutiques », Toulouse, Erès.

QUÉLIN-SOULIGOUX D. (1997), « Les petits gâteaux » *in Institutions et groupes d'enfants*, Toulouse, Erès, coll. « Les groupes thérapeutiques ».

QUÉLIN-SOULIGOUX D. (1997), « Du penser contre au penser ensemble » *in L'Enfant et sa Famille, entre pédagogie et psychanalyse*, Toulouse, Erès.

QUÉLIN-SOULIGOUX D. (1998), « L'élaboration de la violence à travers un dispositif groupal malléable » *in Violence, agressivité et groupe,* col. « Les groupes thérapeutiques », Toulouse, Erès.

QUÉLIN-SOULIGOUX D. (2000), « Le jeu et le groupe thérapeutique d'enfants », *Revue de psychothérapie psychanalytique de groupe,* 33, Le jeu dans l'espace psychique groupal, Toulouse, Erès.

QUÉLIN-SOULIGOUX D. (2003), « De la médiation au groupe » *Contraste,* n° 19, De groupes en groupes, revue de L'ANECAMSP.

QUÉLIN-SOULIGOUX D. (2003), « Et si on jouait ensemble » *in Jouer... Le jeu dans le développement, la pathologie et la thérapeutique*, Paris, In Press.

QUÉLIN-SOULIGOUX D. (2003), « Rencontre groupale » *in* EMPAN n° 49, Urgences d'enfance, Toulouse, Erès.

QUÉLIN-SOULIGOUX D. (2004), « De l'objet à la médiation » *in* Revue de Psychothérapie Psychanalytique de groupe, n° 41, Groupe à médiation en pratiques institutionnelles, Toulouse, Erès.

QUÉLIN-SOULIGOUX D. (2004), « Entre adultes et enfants : le jeu » *in Neuropsychiatrie de l'enfance et de l'adolescence,* 52, pp. 225-229, Paris, Elsevier.

QUÉLIN-SOULIGOUX D., PRIVAT P. (2002), « Penser le groupe », *in Enfance & Psy,* n° 19, Travailler avec les groupes, Toulouse, Erès.

REY A. (1992), *Dictionnaire historique de la langue française*, Paris, Le Robert.

RICHELLE M. (1991), « Médiation », *in Dictionnaire de psychologie,* Doron R et Porot F., Paris, PUF.

ROSENBLATT D.(1977), « Developmental trends in infant play », *Biology of plays (Clinics in developmental medecine),* n° 62, London, SIMP.

ROUSSILLON R. (1991), *Paradoxes et situations limites de la psychanalyse*, Paris, PUF.

ROUSSILLON R. (1995), « La métapsychologie des processus de la transitionnalité », *Revue française de psychanalyse*, t. LIX.

ROUSSILLON R. (1997), *Les Fondements du travail de psychothérapie analytique de l'enfant et de sa famille*, Toulouse, Erès.

SARTRE J.-P. (1960), *Critique de la raison dialectique*, Paris, Gallimard, 1985.

SCHIFFER M. (1977), « Les groupes thérapeutiques d'activité et de parole : théories, principes et pratiques. », trad. fr., *in Revue de Psychothérapie Psychanalytique de groupe,* 7-8, « Les groupes d'enfants », 1987.

SLAVSON S.W. (1953), Psychothérapie analytique de groupe, Paris, PUF.

SLAVSON S.W. (1973), « Type de psychothérapie de groupe et leurs applications cliniques » *in* S. de Schill, *La Psychothérapie de groupe*, Paris, PUF, pp. 75-148.

URWAND S. (1995), « Émergence du langage dans un groupe-analyse d'enfants autistes et psychotiques », *in Groupes d'enfants et cadre psychanalytique, Toulouse,* Erès.

TUSTIN F. (1981), *Les États autistiques de l'enfant*, trad. fr., Paris, Seuil, 1986.

WIDLOCHER D. (1962), *Le Psychodrame chez l'enfant,* Paris, PUF.

WINNICOTT D.W. (1969), *De la pédiatrie à la psychanalyse,* trad. fr., Paris, Payot.

WINNICOTT D.W. (1970), *Processus de maturation chez l'enfant,* trad. fr., Paris, Payot.

WINNICOTT D.W. (1975), *Jeu et Réalité,* trad. fr., Paris, Gallimard.

WALLON H. (1942), *De l'acte à la pensée*, Paris, Flammarion.

WOLF A. (1973), « La Psychanalyse en groupes » *in* S. de Schill, *La psychothérapie de groupe*, Paris, PUF, pp. 149-206.

INDEX

A

affects dépressifs 49
alliance thérapeutique 51, 67, 137
aménagement du dispositif 86
analyse intertransférentielle 127, 145
angoisse 59
    de séparation 125
    précoce 48
attracteur 122

B

bouc émissaire 64

C

champ transféro-contre-transférentiel 46
consultation
    collective 157
    familiale 10
contact identificatoire 74
contenant 79
contenant groupal 74
contrainte surmoïque 114
contre-identification projective 123
couple
    institution-thérapeute 119
    thérapeutique 127
créativité du thérapeute 23

D

défenses
    de caractère 9
    maniaques 117
désexualisation du surmoi 69
différence des générations 46
dosage des pathologies 50

E

échange verbal 47, 52, 84
espace individuel 131
étayage sur les pairs 10
excitation libidinale 58

F

fascination individuelle 71
fil transgénérationnel 161
fin du groupe 95, 129
fonction
    contenante du groupe 89
    conteneur du thérapeute 89
    limitante 78
    médiatrice 24

malléable de l'environnement 23
surmoïque 163

G

game 37
groupe
    fermé 48, 57, 91, 119
    ouvert 171

I

identification projective 49, 118
illusion groupale 66
inhibition 119
investissement 18

J

jeu 31, 33

L

latence 11, 41, 62, 84
limites 82

M

malléabilité 23
médiateur 32
médiation 24, 26
médium malléable 23
modèle familial 144
monothérapie 57, 84, 148
mouvements
    régressifs 58
    transférentiels collectifs 62

O

omnipotence 36, 47, 119

P

parties infantiles 8
pathologies limites 89
pensée 12, 113
phases d'illusion et de désillusion 17
play 37
problématiques narcissiques 78

R

réactivation œdipienne 62
régression 52
rencontre identificatoire 66
réparation de l'espace 120
rival des parents 160
rôle pare-excitant 122
rop près 87

S

sentiment
    d'appartenance 11, 25, 49
    d'exclusion 76
séparation 48
sollicitations contre-transférentielles 53

T

territoire(s) 7, 20, 131
tous ensemble 58, 74, 79
tout pareil 74
transferts multiples 54
travail de liaison 52
trop loin 87

049208 - (I) - (1,5) - OSB 100° - CPW - MMC

Achevé d'imprimer sur les presses de
SNEL Grafics sa
rue Saint-Vincent 12 – B-4020 Liège
Tél +32(0)4 344 65 60 - Fax +32(0)4 341 48 41
avril 2005 — 34677

Dépôt légal : mai 2005

Imprimé en Belgique